DIE JÜNGER

Übungsbuch

Die Jünger - Übungsbuch

Alle Rechte vorbehalten. Durch den Kauf dieses Übungsbuchs darf der Käufer die Übungsblätter nur für den persönlichen Gebrauch und den Unterricht, jedoch nicht für den kommerziellen Weiterverkauf kopieren. Mit Ausnahme der oben genannten Bestimmungen darf dieses Übungsbuch ohne schriftliche Genehmigung des Herausgebers weder ganz noch teilweise in irgendeiner Weise reproduziert werden.

Bible Pathway Adventures® ist eine Marke von BPA Publishing Ltd.

ISBN: 978-1-989961-55-1

Autor: Pip Reid
Kreativdirektor: Curtis Reid
Übersetzer: Daniel Friedrich

Für kostenlose Bibelmaterialien und Lehrerpakete mit Malvorlagen, Arbeitsblättern, Quizfragen und mehr besuchen Sie unsere Website unter:

shop.biblepathwayadventures.com

◆◇ EINFÜHRUNG ◇◆

Freuen Sie sich darauf, Ihren Kindern etwas über die Bibel beizubringen - mit unserem *Übungsbuch Die Jünger*. Es ist vollgepackt mit spannenden Arbeitsblättern, Quizfragen, Malvorlagen und Rätseln, die Erziehern wie Ihnen helfen, Kindern einen biblischen Glauben zu vermitteln. Inklusive Bibelstellenangaben zum einfachen Nachschlagen von Bibelversen und einem praktischen Lösungsschlüssel für Lehrer.

Bible Pathway Adventures hilft Pädagogen, Kindern den biblischen Glauben auf spielerische und kreative Weise zu vermitteln. Wir tun dies mit unseren Übungsbüchern und kostenlosen, druckbaren Rätselseiten - verfügbar auf unserer Website: www.biblepathwayadventures.com

Vielen Dank, dass Sie dieses Übungsbuch erworben haben und unseren Dienst unterstützen. Jedes gekaufte Buch hilft uns, unsere Arbeit fortzusetzen und Familien und Missionen auf der ganzen Welt kostenlose Klassenzimmerpakete und Ressourcen zum Bibelstudium zur Verfügung zu stellen.

Die Suche nach der Wahrheit macht mehr Spaß als die Tradition!

◇ INHALTSVERZEICHNIS ◇

Einführung 3
Dieses Buch gehört… 8
Machen Sie eine Reise in die Vergangenheit 9

Petrus
Lückentext 10
Bibel-Quiz: Petrus 11
Bibel-Wortsuche: Petrus 12
Arbeitsblatt: Petrus 13
Quiz/ Malvorlage: Die Befreiung des Petrus 14
Arbeitsblatt: Was ist ein Jünger? 15
Karte: Das Land Israel 16
Meine Bibelnotizen 17

Johannes
Lückentext 18
Bibel-Quiz: Johannes 19
Bibel-Wortsuche: Johannes 20
Arbeitsblatt: Johannes 21
Quiz/ Malvorlage: Kühnheit 22
Vervollständigen Sie das Bild: Das letzte Abendmahl 23
Arbeitsblatt zum Verständnis: Die Römer 24
Meine Bibelnotizen 25

Jakobus (Sohn des Zebedäus)
Lückentext 26
Bibel-Quiz: Jakobus (Sohn des Zebedäus) 27
Bibel-Wortsuche: Jakobus (Sohn des Zebedäus) 28
Arbeitsblatt: Jakobus (Sohn des Zebedäus) 29
Quiz/ Malvorlage: Auferweckung der Tochter des Jairus 30
Arbeitsblatt: Jakobus der Fischer 31
Kochrezept: Galiläischer Fisch nach Jakobus' Art 32
Meine Bibelnotizen 33

Judas Ischariot
Lückentext 34
Bibel-Quiz: Judas Ischariot 35
Bibel-Wortsuche: Judas Ischariot 36
Arbeitsblatt: Judas Ischariot 37
Quiz/ Malvorlage: Judas gibt das Geld zurück 38
Arbeitsblatt zum Verständnis: Die religiösen Führer 39
Arbeitsblatt: Silberlinge 40
Meine Bibelnotizen 41

Thomas
Lückentext 42
Bibel-Quiz: Thomas 43
Bibel-Wortsuche: Thomas 44
Arbeitsblatt: Thomas 45
Quiz/ Malvorlage: Thomas 46
Buchstabensalat: Zweifelnder Thomas 47
Arbeitsblatt: Jerusalemer Abendblatt 48
Meine Bibelnotizen 49

Bartholomäus
Lückentext 50
Bibel-Quiz: Bartholomäus 51
Bibel-Wortsuche: Bartholomäus 52
Arbeitsblatt: Bartholomäus 53
Quiz/ Malvorlage: Die Apostel 54
Arbeitsblatt: Jünger für einen Tag 55
Arbeitsblatt: Israelitisches Haus 56
Meine Bibelnotizen 57

Jakobus (Sohn des Alphäus)
Lückentext 58
Bibel-Quiz: Jakobus (Sohn des Alphäus) 59
Bibelwortsuche: Jakobus (Sohn des Alphäus) 60
Arbeitsblatt: Jakobus (Sohn des Alphäus) 61
Quiz/ Malvorlage: Nach Jerusalem 62
Arbeitsblatt: Ein Jünger 63
Ausmalblatt: Die Reisen der Jünger 64
Meine Bibelnotizen 65

Judas Thaddäus (Lebbäus)

Lückentext 66
Bibel-Quiz: Judas Thaddäus (Lebbäus) 67
Bibel-Wortsuche: Judas Thaddäus (Lebbäus) 68
Arbeitsblatt: Judas Thaddäus 69
Quiz/ Malvorlage: Das letzte Abendmahl 70
Arbeitsblatt: Das letzte Abendmahl 71
Arbeitsblatt: Gethsemane 72
Meine Bibelnotizen 73

Matthäus

Lückentext 74
Bibel-Quiz: Matthäus 75
Bibel-Wortsuche: Matthäus 76
Arbeitsblatt: Matthäus 77
Quiz/ Malvorlage: Die Sturmstillung 78
Arbeitsblatt zum Verständnis: Der Zöllner 79
Arbeitsblatt: Beschrifte den römischen Soldaten 80
Meine Bibelnotizen 81

Andreas

Lückentext 82
Bibel-Quiz: Andreas 83
Bibel-Wortsuche: Andreas 84
Arbeitsblatt: Andreas 85
Quiz/ Malvorlage: Die Heilung der Kranken 86
Wir lernen Hebräisch: Fisch 87
Bibel-Basteln: Ein Papierboot basteln 88
Meine Bibelnotizen 89

Simon (der Zelot)

Lückentext 90
Bibel-Quiz: Simon der Zelot 91
Bibel-Wortsuche: Simon der Zelot 92
Arbeitsblatt: Simon 93
Quiz/ Malvorlage: Reich Gottes 94
Arbeitsblatt: Gestalte deine eigene Münze 95
Arbeitsblatt: Die Namen der Jünger 96
Meine Bibelnotizen 97

Philippus

Lückentext 98
Bibelquiz: Philippus 99
Bibel-Wortsuche: Philippus 100
Arbeitsblatt: Philippus 101
Quiz/ Malvorlage: Speisung der 5000 102
Arbeitsblatt: Was trugen die Jünger? 103
Arbeitsblatt: Fakten zu den Jüngern 104
Meine Bibelnotizen 105

Zusätzliche Aktivitäten:

Bibelvers-Kopierarbeit: Die Jünger 107
Bibel-Aktivität: Folge mir nach 119
Bibel-Aktivität: Wer hat es gesagt? 121
Bibel-Basteln: Jünger-Fingerpuppen 123
Bibel-Aktivität: Wer hat es gesagt? 127

Lösungen 129
Entdecken Sie weitere Übungsbücher! 137

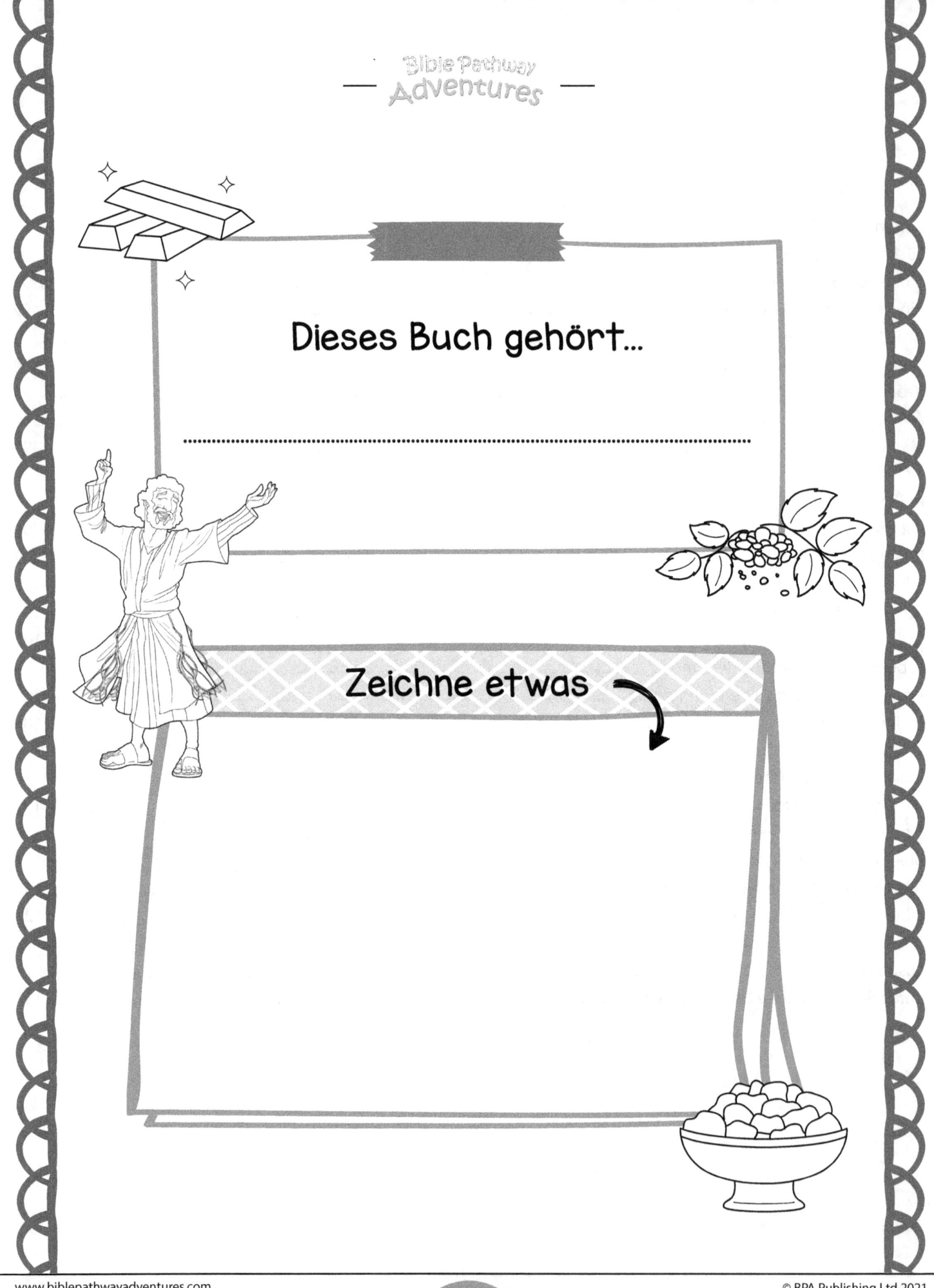

◇ MACHEN SIE EINE REISE ◇ IN DIE VERGANGENHEIT

Unsere Vision ist es, kulturell, historisch und biblisch fundierte Materialien bereitzustellen um Ihnen zu helfen, Ihren Kindern einen biblischen Glauben zu vermitteln. Wenn wir die Bibel im Kontext der alten hebräischen Kultur lesen, wird sie lebendig und erschließt uns die Schönheit und den Reichtum des Glaubens.

Warum verwenden wir also hebräische Namen wie Jeschua? Oder manchmal auch die hebräischen Namen für Gott wie Jah? Deswegen, weil das Verständnis dieser alten Namen und Kulturen uns hilft, den Reichtum eines jeden biblischen Berichts zu erschließen - einen Reichtum und ein Verständnis, das verloren gehen, verändert oder verwässert werden kann, wenn man es nur aus einer modernen westlichen Perspektive betrachtet.

In Matthäus 26,34 heißt es zum Beispiel: „Ehe der Hahn kräht, wirst du mich dreimal verleugnen." In seinem kulturellen und historischen Kontext war dies eigentlich kein krähender Hahn, sondern der Tempelausrufer, ein Priester, der die morgendlichen Tempeldienste und Opfer zur Zeit Jeschuas ankündigte. Wussten Sie, dass der moderne Name „Jesus" erst seit 500 Jahren verwendet wird? Das bedeutet, dass Maria und die Jünger den Messias bei seinem eigentlichen hebräischen Namen, Jeschua oder Jehoschua, genannt hätten, was so viel bedeutet wie „Gott rettet" oder „Gott ist meine Rettung". Ist das nicht wunderbar!

Also...lassen Sie uns eine Reise in die Vergangenheit machen und uns am Reichtum der Bibel erfreuen!

LIEBST DU MICH?

Lies Johannes 21,15-18. Fülle die Lücken aus.

> „Als sie nun .... hatten, spricht Jeschua (Jesus) zu Simon Petrus: Simon, Sohn des Jonas, liebst du mich mehr als diese? Er spricht zu ihm: Ja, Herr, du weißt, dass ich dich lieb habe! Er spricht zu ihm: Weide meine ....! Wiederum spricht er zum zweiten Mal zu ihm: Simon, Sohn des Jonas, liebst du mich? Er antwortete ihm: Ja, Herr, du weißt, dass ich dich lieb habe. Er spricht zu ihm: Hüte meine Schafe! Und das dritte Mal fragt er ihn: Simon, Sohn des Jonas, hast du mich ....? Da wurde Petrus traurig, dass er ihn das .... Mal fragte: Hast du mich lieb?, und er sprach zu ihm: Herr, du weißt alle Dinge; du weißt, dass ich dich lieb habe. .... spricht zu ihm: Weide meine Schafe! Wahrlich, wahrlich, ich sage dir: Als du jünger warst, ... du dich selbst und ...., wohin du wolltest; wenn du aber alt geworden bist, wirst du deine Hände ausstrecken, und ein anderer wird dich gürten und ...., wohin du nicht willst."

GEFRÜHSTÜCKT GINGST
LÄMMER FÜHREN
LIEB JESCHUA (JESUS)
GÜRTETEST DRITTE

PETRUS

Lies Matthäus 8,14-17, 17,1-13, Johannes 1, 13,1-36, 18, 21, und Apostelgeschichte 1.
Beantworte die folgenden Fragen.

1. Wen führte Jeschua auf einen hohen Berg? (Matthäus 17,1) ....

2. Wer ist den Jüngern erschienen? ....

3. Wie viele Sukkot (Hütten) bot Petrus an, zu bauen? ....

4. Was hat Petrus Jeschua gebeten, zu waschen? (Johannes 13,9) ....

5. Wie antwortete Jeschua, als Petrus ihn fragte, wohin er gehen würde? (Johannes 13,36) ....

6. Aus welcher Stadt kam Petrus? (Johannes 1,44) ....

7. Wie oft leugnete Petrus, Jeschua zu kennen? (Johannes 18) ....

8. Was tat Petrus, als er Jeschua am See Genezareth (See von Tiberias) sah? (Johannes 21) ....

9. Wie oft fragte Jeschua Petrus, ob er ihn liebe? ....

10. Wo wurde die Schwiegermutter des Petrus geheilt? (Matthäus 8) ....

PETRUS

Lies Matthäus 8,14-17, 17,1-13, Johannes 1, 13,1-36, 18, 21, und Apostelgeschichte 1. Finde die Wörter aus der Liste unten und kreise sie ein.

```
A N D R E A S P A V W O S R K J
K O D X L I E B E Z A G M J A Y
T B O O T G Y J T T S E D U P S
M K R Q G J Q E U J C F V E E O
J E R U S A L E M K H A E N R U
X Y S F F F R V A X E E R G N J
J P Q E I F J Y P H N N K E A X
N A Z I S S U E F J I G L R U G
O R A V C D L E E L G N A E M F
K I H L H E P R S K A I E X H E
W Z K V E Z O C X S W S R V K L
X B O K R Y B X K N E Y U K L S
R G S C H A F E R H Q Z N O T E
T B E T H S A I D A D F G Y S N
I K S I S W M C D P E T R U S U
G E N E Z A R E T H S A B O Y U
```

WASCHEN	GENEZARETH	GEFAENGNIS	FUESSE
LIEBE	VERKLAERUNG	FISCHER	JERUSALEM
PETRUS	SCHAFE	KAPERNAUM	JUENGER
FELSEN	BOOT	ANDREAS	BETHSAIDA

Petrus

Zeichne Petrus und seine Brüder beim Fischen auf dem See Genezareth.

Wenn das Leben von Petrus ein Buch wäre, würde das Cover so aussehen...

Das Leben von Petrus lehrt mich...

Lies Apostelgeschichte 12,5-17. Schreibe fünf Sätze, um die Zeit zu beschreiben, als Petrus aus dem Gefängnis befreit wurde.

DIE BEFREIUNG DES PETRUS

Schlage deine Bibel auf und lies Apostelgeschichte 12,1-17.
Beantworte die Fragen. Male das Bild aus.

1. Während welches Festes wurde Petrus ins Gefängnis geworfen? (Vers 3)

....
....
....
....

2. Wie wurde Petrus gefesselt, während er im Gefängnis war? (Vers 6)

....
....
....
....

3. Wer befreite Petrus aus dem Gefängnis? (Vers 8)

....
....
....
....

Was ist ein Jünger?

Jeschua hatte zwölf Jünger. Sie hießen Simon Petrus, Andreas, Jakobus (Sohn des Zebedäus), Johannes, Philippus, Bartholomäus, Thomas, Matthäus, Jakobus (Sohn des Alphäus), Judas Thaddäus, Simon der Zelot und Judas Ischariot. (Matthäus 10,1-4 und Lukas 6,12-16) Hier lernst du etwas darüber, was es bedeutet, ein Jünger zu sein.

Vor Jeschuas Zeiten war die Jüngerschaft in der hebräischen Kultur bereits eine gängige Sache. Um ein Jünger zu werden, musste man zuerst den Beth Midrasch abschließen. Dies war der Ort, an dem Jungen im Alter von 13-15 Jahren den gesamten Tanach (Altes Testament) studierten, während sie das Familienhandwerk erlernten. Jungen, die den Beth Midrasch abgeschlossen hatten, wurden dann von einem Lehrer (Rabbi) eingeladen, sein Schüler zu werden. Diese Schüler wurden als Talmidim bezeichnet und lernten alles von ihrem Lehrer. Sie aßen das gleiche Essen wie ihr Lehrer, sie lernten, den Sabbat so zu halten, wie ihr Lehrer den Sabbat hielt, und sie studierten die Thora genau so wie ihr Lehrer. Ein Schüler hatte vier Aufgaben: die Worte seines Lehrers auswendig zu lernen, die Traditionen und Auslegungen seines Lehrers zu lernen, seinen Lehrer nachzuahmen, und nachdem er vollständig ausgebildet war, würde er selbst ein Lehrer werden und seine eigenen Schüler unterrichten.

„Jeder Jünger, der vollendet ist, wird so sein wie sein Meister." (Lukas 6,40)

Ich ahme Jeschua täglich nach, indem ich...

....

....

....

....

Male den Jünger aus! ➡

LAND ISRAEL

Petrus lebte in dem Dorf Kapernaum und fischte am See Genezareth.
Markiere mit einem Stift oder Bleistift die sechs Orte unten auf der Karte.
Vielleicht musst du das Internet oder einen Atlas benutzen, um die Antworten zu finden!

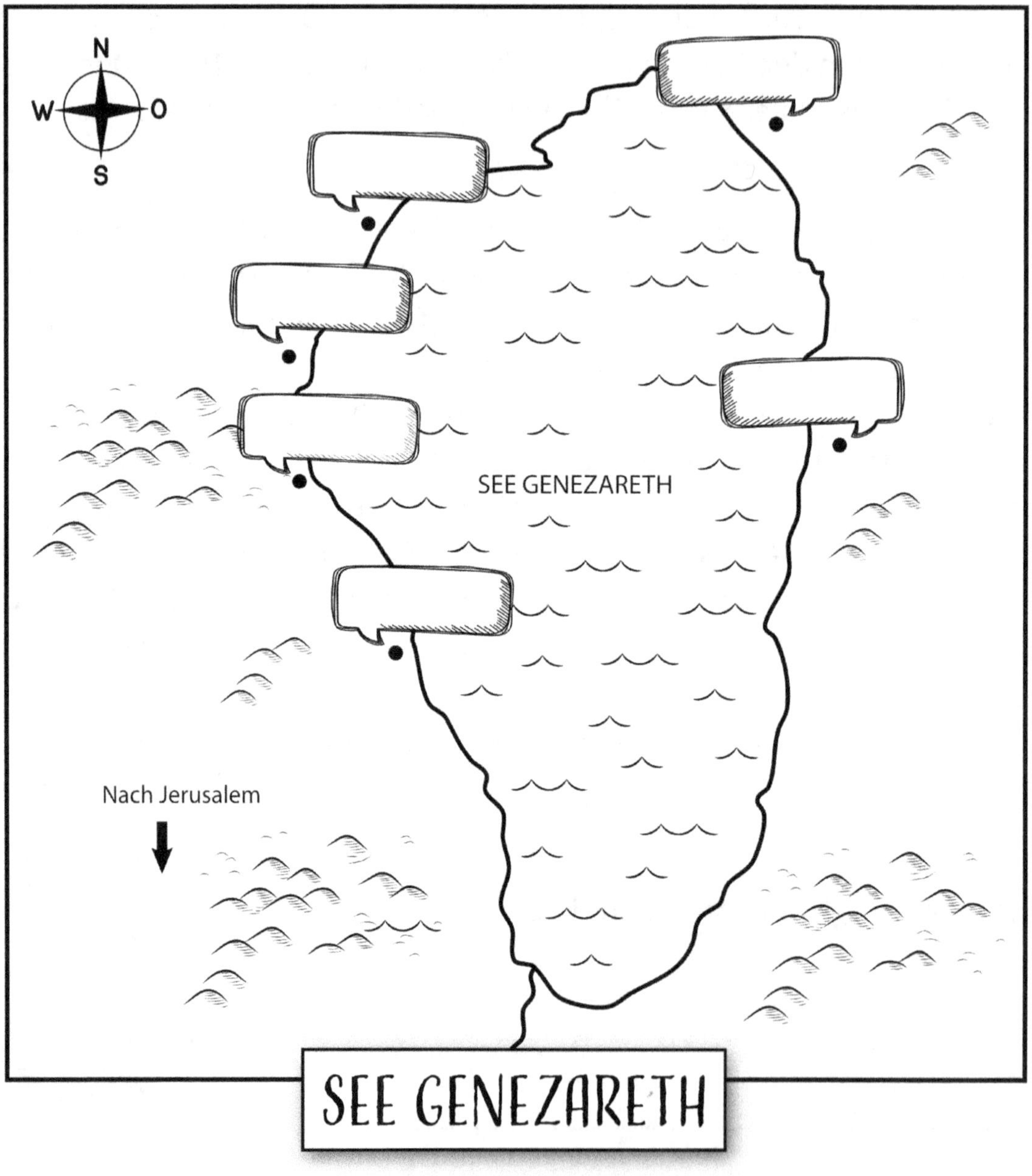

SEE GENEZARETH

Nach Jerusalem

SEE GENEZARETH

Finde und markiere diese Orte auf der Karte:

TIBERIAS   GERASA
BETHSAIDA   MAGDALA
GINNOSSAR   KAPERNAUM

www.biblepathwayadventures.com
Die Jünger - Übungsbuch

Meine Bibelnotizen

Zeichne ein Bild von Petrus.

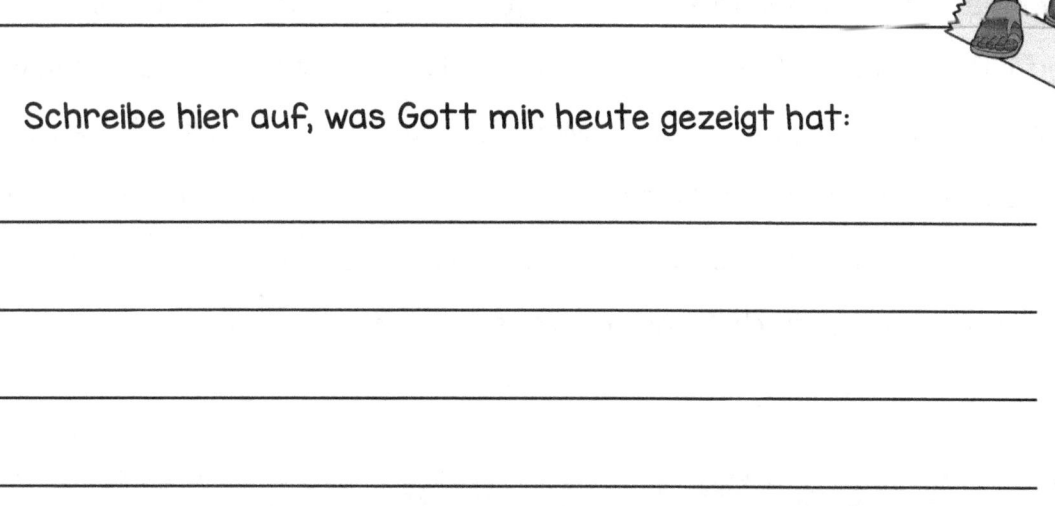

Schreibe hier auf, was Gott mir heute gezeigt hat:

_____
_____
_____
_____
_____

PETRUS UND JOHANNES VOR DEM HOHEN RAT

Lies Apostelgeschichte 4,1-10. Fülle die Lücken aus.

> Während Petrus und .... aber zum Volk redeten, kamen die Priester und der Hauptmann des Tempels und die Sadduzäer auf sie zu. Sie waren aufgebracht darüber, dass sie das Volk lehrten und in .... die Auferstehung aus den Toten verkündigten. Und sie legten Hand an sie und brachten sie ins Gefängnis bis zum folgenden Morgen, denn es war schon Abend. Aber viele von denen, die das Wort gehört hatten, wurden gläubig, und die Zahl der Männer stieg auf etwa .... Es geschah aber am folgenden Morgen, dass sich ihre Obersten und Ältesten und Schriftgelehrten in Jerusalem versammelten, auch Hannas, der Hohepriester, und .... und Johannes und Alexander und alle, die aus hohepriesterlichem Geschlecht waren. Und sie stellten sie in ihre Mitte und fragten sie: Durch welche Kraft oder in welchem Namen habt ihr das getan? Da sprach Petrus, vom .... erfüllt, zu ihnen: Ihr Obersten des Volkes und ihr Ältesten von Israel, wenn wir heute wegen der Wohltat an einem .... Menschen verhört werden, durch wen er geheilt worden ist, so sei euch allen und dem ganzen Volk .... bekanntgemacht, dass durch den Namen Jeschua, des ...., den ihr gekreuzigt habt, den Gott auferweckt hat aus den Toten, dass dieser durch Ihn gesund vor euch steht.

JOHANNES
JESCHUA (JESUS)
KAJAPHAS
HEILIGEN GEIST
FÜNFTAUSEND
NAZARENERS
ISRAEL
KRANKEN

JOHANNES

Lies Matthäus 17,1-13, Lukas 9,51-56, Markus 3,17, 14,32-41, Johannes 21,1-25, Apostelgeschichte 1,1-26 und 4. Beantworte die folgenden Fragen.

1. Wessen Verklärung geschah vor den Augen von Petrus, Jakobus und Johannes? ....

2. Was taten die Jünger, als sie eine Stimme aus der Wolke hörten? ....

3. Welches Dorf besuchten Johannes und die Jünger in Lukas 9,52? ....

4. Was sagten Jakobus und Johannes zu Jeschua in Lukas 9,54? ....

5. Wer besuchte Johannes und Petrus, während sie in Apostelgeschichte 4 sprachen? ....

6. Was wurde Petrus und Johannes in Apostelgeschichte 4,18 aufgetragen? ....

7. An welchem See ist Jeschua dem Johannes und den Jüngern erschienen? ....

8. Wer war der Bruder von Johannes? ....

9. Welchen Namen gab Jeschua Johannes und Jakobus? (Markus 3) ....

10. Wer schlief ein, als Jeschua in Gethsemane beten ging? ....

JOHANNES

Lies Matthäus 17,1-13, Lukas 9,51-56, Markus 3,17, 14,32-41, Johannes 21,1-25, Apostelgeschichte 1,1-26 und 4. Finde die Wörter aus der Liste unten und kreise sie ein.

PESSACH	PETRUS	SCHLAFEN	GETHSEMANE
DORF	JESCHUA	JOHANNES	SANHEDRIN
ZEBEDAEUS	JERUSALEM	JAKOBUS	JUENGER
HOHEPRIESTER	SAMARITER	GENEZARETH	DONNER

Johannes

Informiere dich über Bethsaida und zeichne eine Karte des Dorfes.

Wenn du so kühn und mutig wärst wie Johannes und Petrus, wie würde sich dein Leben verändern?

Das Leben des Johannes lehrt mich...

Zeichne die Verklärung.

KÜHNHEIT!

Schlage deine Bibel auf und lies Apostelgeschichte 4,1-31.
Beantworte die Fragen. Male das Bild aus.

1. Warum waren die religiösen Führer wütend auf Johannes und Petrus? (Vers 2)

....
....
....
....

2. Wie viele Menschen glaubten, was Johannes und Petrus sagten? (Vers 4)

....
....
....
....

3. Warum waren die religiösen Führer erstaunt? (Vers 13)

....
....
....
....

DAS LETZTE ABENDMAHL

Bevor unser Messias gekreuzigt wurde, aß er ein Mahl mit Johannes und seinen Jüngern in einem Obergemach in Jerusalem. Bei dieser Mahlzeit saß der „Jünger, den Jeschua liebte" neben dem Messias. Es war üblich, sich bei Mahlzeiten auf Liegen niederzulassen und dieser Jünger lehnte sich an Jeschua. Viele Bibelgelehrte glauben, dass der Jünger Johannes war. Zeichne eine Szene aus dieser Geschichte, um das Bild zu vervollständigen.

DIE RÖMER

Die Römer eroberten Jerusalem im Jahr 63 v. Chr. und regierten Judäa für viele Jahre, einschließlich während der Zeit, zu der die Jünger lebten. Sie setzten regionale Führer ein, wie Herodes den Großen, um das Volk zu kontrollieren. Römische Brutalität war ein Teil des Lebens. Zum Beispiel konnte ein römischer Soldat eine Person dazu zwingen, alles, was bewegt werden musste, eine Meile weit zu tragen. Die Römer benutzten auch die Kreuzigung als eine Möglichkeit der Kontrolle. Oft sah man an den Straßenrändern Menschen, die gekreuzigt wurden, weil sie sich Cäsar, dem römischen Kaiser, widersetzt hatten.

Die Römer verlangten von den Hebräern alle Arten von Steuern, einschließlich Lebensmittel-, Straßen- und Kopfsteuer. Sie mussten auch religiöse Steuern und andere von Herodes auferlegte Steuern zahlen. Es gab Wasser-, Haus- und Verkaufssteuern und zusätzliche Steuern auf Dinge wie Fleisch und Salz. Es gab auch eine Tempelsteuer, um für den Unterhalt des Tempels in Jerusalem zu zahlen. Wegen dieser Steuern waren viele hebräische Familien sehr arm. Im Jahr 66 n. Chr. hatte das Volk schließlich genug von den Römern. Sie kämpften gegen sie, bis die Römer Jerusalem einnahmen und den Tempel im Jahr 70 n. Chr. zerstörten.

Male den römischen Soldaten aus!

Wie kontrollierten die Römer die Menschen in Judäa?

....

Welche Art von Steuern mussten die Hebräer zahlen?

....

Meine Bibelnotizen

Zeichne ein Bild von Johannes.

Schreibe hier auf, was Gott mir heute gezeigt hat:

VERKLÄRUNG

Lies Matthäus 17,1-8. Fülle die Lücken aus.

"Und nach sechs Tagen nahm Jeschua (Jesus) den Petrus, den .... und dessen Bruder Johannes mit sich und führte sie beiseite auf einen hohen Berg. Und er wurde vor ihnen verklärt, und sein Angesicht .... wie die Sonne, und seine Kleider wurden weiß wie das Licht. Und siehe, es erschienen ihnen .... und Elia, die redeten mit ihm. Da begann Petrus und sprach zu Jeschua: Herr, es ist gut, dass wir hier sind! Wenn du willst, so lass uns hier drei Hütten bauen, dir eine und Mose eine und Elia eine. Als er noch redete, siehe, da überschattete sie eine lichte ...., und siehe, eine .... aus der Wolke sprach: Dies ist mein .... Sohn, an dem ich Wohlgefallen habe; auf ihn sollt ihr hören! Als die .... das hörten, fielen sie auf ihr Angesicht und fürchteten sich sehr. Und Jeschua trat herzu, rührte sie an und sprach: Steht auf und fürchtet euch nicht! Als sie aber ihre .... erhoben, sahen sie niemand als Jeschua allein."

JAKOBUS JÜNGER
MOSE AUGEN
WOLKE LEUCHTETE
GELIEBTER STIMME

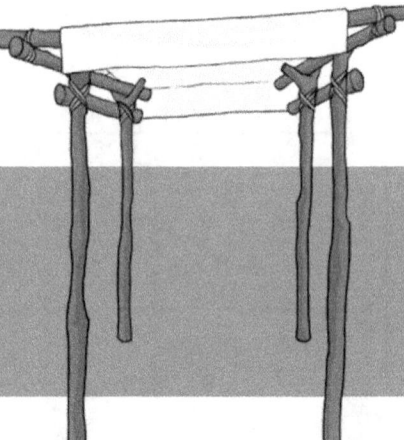

JAKOBUS
(SOHN DES ZEBEDÄUS)

Lies Matthäus 4,18-22, 17,1-8, Markus 3,17, 5,35-43, Lukas 9,51-56 und Apostelgeschichte 12. Beantworte die folgenden Fragen.

1. Wer wurde vor den Augen von Petrus, Jakobus und Johannes verklärt? ....

2. Was taten die Jünger, als sie eine Stimme aus der Wolke hörten? ....

3. Wer war der Bruder des Jakobus? (Matthäus 4) ....

4. Wer war der Vater des Jakobus? ....

5. Was fragten Jakobus und Johannes Jeschua in Lukas 9,51-56? ....

6. Wer hat Jakobus töten lassen? ....

7. Wie wurde Jakobus getötet? ....

8. Wie nannte Jeschua Jakobus und Johannes? (Markus 3) ....

9. Jakobus war ein Jünger von welchem berühmten Lehrer? (Matthäus 4) ....

10. Wessen Tochter hat Jeschua von den Toten auferweckt? (Markus 5) ....

JAKOBUS (SOHN DES ZEBEDÄUS)

Lies Matthäus 4,18-22, 17,1-8, Markus 3,17, 5,35-43, Lukas 9,51-56 und Apostelgeschichte 12.
Finde die Wörter aus der Liste unten und kreise sie ein.

JUENGER	SCHLAFEN	JAIRUS	JOHANNES
MOSE	SYNAGOGE	JAKOBUS	TOCHTER
ZEBEDAEUS	ELIA	FISCHEREI	JESCHUA
HERODES	SCHWERT	GENEZARETH	DONNER

Jakobus (Sohn des Zebedäus)

Jakobus wurde von König Herodes getötet, weil…

Lies Matthäus 26. Schreibe einen Tagebucheintrag zur Nacht in Gethsemane.

Das Leben von Jakobus lehrt mich…

Zeichne ein Bild, um die Geschichte von Jairus' Tochter nachzuerzählen.

AUFERWECKUNG DER TOCHTER DES JAIRUS

Schlage deine Bibel auf und lies Markus 5.
Beantworte die Fragen. Male das Bild aus.

1. Was war Jairus' Aufgabe? (Vers 35)

....
....
....
....

2. Welche drei Jünger gingen mit Jeschua in das Haus? (Vers 37)

....
....
....
....

3. Wie alt war das Mädchen, das Jeschua von den Toten auferweckte? (Vers 42)

....
....
....
....

JAKOBUS DER FISCHER

Jakobus und sein Bruder Johannes waren beide Fischer. Sie lebten in der Nähe des Sees Genezareth und verdienten ihren Lebensunterhalt mit dem Fang von Fischen, die sie auf den lokalen Märkten verkauften. Recherchiere im Internet oder in einer Enzyklopädie und beschrifte die verschiedenen Teile eines Fisches. Schreibe drei interessante Fakten über Fische in die Zeilen darunter.

| 1. Mund | 3. Brustflossen | 5. Schwanzflosse | 7. Schuppen |
| 2. Auge | 4. Bauchflossen | 6. Afterflossen | 8. Rückenflosse |

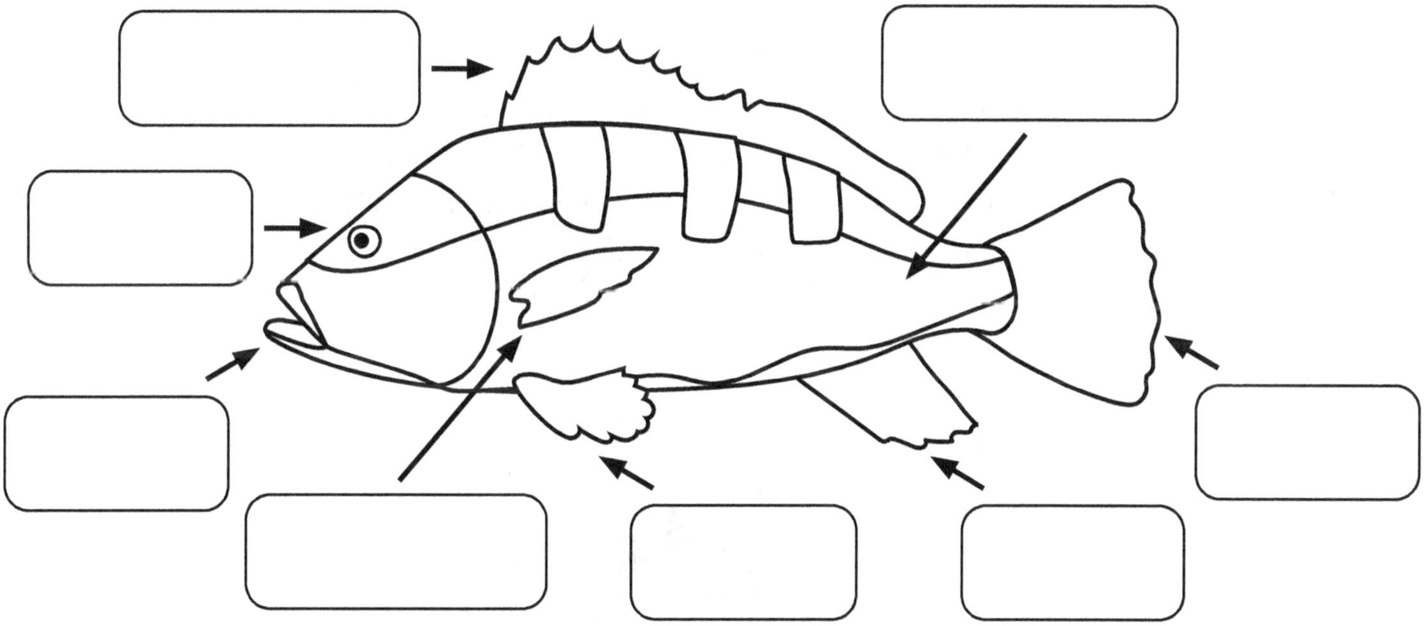

Wissenswertes über Fische!

....

....

....

KOCHREZEPT: GALILÄISCHER FISCH NACH JAKOBUS' ART

MAN NEHME

1 ganzer Fisch pro Person

Salz | schwarzer Pfeffer

Knoblauchpulver | Kurkuma | Currypulver | Paprika

Senfpulver | Zitronensaft

Olivenöl

ANLEITUNG

Beträufle den Fisch großzügig mit Olivenöl und bestreue ihn innen und außen mit schwarzem Pfeffer und Gewürzen. Presse frischen Zitronensaft aus und verteile ihn auf dem Fisch. Füge eine Prise Salz hinzu. Den Fisch bei 200°C (375°F) 20 Minuten backen (bzw. bis er gar ist).

Meine Bibelnotizen

Zeichne ein Bild von Jakobus.

Schreibe hier auf, was Gott mir heute gezeigt hat:

_____
_____
_____
_____
_____

VERRAT!

Lies Johannes 18,3-11. Fülle die Lücken aus.

"Nachdem nun Judas die .... und von den obersten Priestern und .... Diener bekommen hatte, kam er dorthin mit Fackeln und Lampen und mit Waffen. Jeschua (Jesus) nun, der alles wusste, was über ihn kommen sollte, ging hinaus und sprach zu ihnen: Wen sucht ihr? Sie antworteten ihm: Jeschua, den ....! Jeschua spricht zu ihnen: Ich bin's! Es stand aber auch .... bei ihnen, der ihn verriet. Als er nun zu ihnen sprach: Ich bin's!, wichen sie alle zurück und fielen zu Boden. Nun fragte er sie wiederum: Wen sucht ihr? Sie aber sprachen: ...., den Nazarener! Jeschua antwortete: Ich habe euch gesagt, dass ich es bin. Wenn ihr nun mich sucht, so lässt diese gehen! – damit das Wort erfüllt würde, das er gesagt hatte: Ich habe keinen verloren von denen, die du mir gegeben hast. Da nun Simon Petrus ein Schwert hatte, zog er es und .... nach dem .... des Hohenpriesters und hieb ihm das rechte Ohr ab; der Name des Knechtes aber war Malchus. Da sprach Jeschua zu ....: Stecke dein Schwert in die Scheide! Soll ich den Kelch nicht trinken, den mir der Vater gegeben hat?"

TRUPPE	PETRUS
PHARISÄERN	KNECHT
JESCHUA (JESUS)	SCHLUG
NAZARENER	JUDAS

JUDAS ISCHARIOT

Lies Lukas 6, Markus 14,1-11, Johannes 12,1-13,30, Lukas 22 und Matthäus 10,1-6, 26,1-27,10. Beantworte die folgenden Fragen.

1. „Begebt euch nicht auf die Straße der Heiden und betretet keine Stadt der Samariter; geht vielmehr zu den verlorenen _____ des Hauses Israel." ....

2. Wer war für den Geldbeutel zuständig? (Johannes 12,6) ....

3. Wer bezahlte Judas dafür, Jeschua zu verraten? (Markus 14,10-11) ....

4. Wie viele Silberlinge wurden Judas bezahlt, um Jeschua zu verraten? ....

5. Was gab Jeschua dem Judas beim letzten Abendmahl? (Johannes 13,30) ....

6. Wer kam mit Judas nach Gethsemane? (Matthäus 26,47) ....

7. Was machte Judas mit Jeschua in Gethsemane? (Matthäus 26,49) ....

8. Was machte Judas mit den Silberlingen, die ihm für den Verrat an Jeschua gezahlt wurde? ....

9. Wo hat sich Judas erhängt? (Matthäus 27,5-9) ....

10. Welcher Prophet prophezeite den Verrat an Jeschua? (Matthäus 27,9-10) ....

JUDAS ISCHARIOT

Lies Lukas 6, Markus 14,1-11, Johannes 12,1-13,30,
Lukas 22 und Matthäus 10,1-6, 26,1-27,10.
Suche die Wörter aus der Liste und kreise sie ein.

```
H P K J Z F U C G S P F M X O J
S E I V U K D W S U E P V S H U
E Q I G Z D W L Z B Y I W I A E
K P K L E P A K G D R H F L C N
P E O J I T K S H K M O A B K G
J S V E H G H Z R P I L T E E E
E S V Y V L T S F G E L D R R R
R A R E Z M Y U E R Q T A L S M
U C T V B F E A M M E C E I J W
S H J E L L D H K J A S Z N E Z
A C A O M D M O R U O N I G S E
L N A F Q P W W E U O G E E C T
E C K P R I E S T E R X U F H I
M V E Z P A H L O W D M V U U N
K U S S Q D K V V E R R A T A W
T I B D V D R E I S S I G Q E E
```

PESSACH BROT   JUDAS   HEILIGTUM
JESCHUA KUSS   VERRAT   JERUSALEM
ACKER   TEMPEL   GELD   PRIESTER
JUENGER SILBERLINGE DREISSIG GETHSEMANE

Judas Ischariot

Judas verriet Jeschua, weil…

Zeichne Judas, wie er Jeschua im Garten Gethsemane verrät.

Das Leben des Judas lehrt mich…

Wenn das Leben des Judas ein Buch wäre, würde das Cover so aussehen…

JUDAS GIBT DAS GELD ZURÜCK

Schlage deine Bibel auf und lies Matthäus 27.
Beantworte die Fragen. Male das Bild aus.

1. Wie viele Silberlinge hat Judas den Priestern zurückgebracht? (Vers 3)

....
....
....
....

2. Wo hat Judas die Silberlinge hingeworfen? (Vers 5)

....
....
....
....

3. Warum legten die Priester die Silberlinge nicht in den Opferkasten? (Vers 6)

....
....
....
....

DIE RELIGIÖSEN FÜHRER

Judas ging zu den obersten Priestern und den Hauptleuten der Tempelwache und besprach mit ihnen, wie er Jeschua verraten könnte (Lukas 22,4). Im Judentum des ersten Jahrhunderts waren die religiösen Führer am Tempel in Jerusalem wichtige, mächtige Männer. Sie machten nicht nur Regeln für das religiöse Leben des hebräischen Volkes, sie waren auch Herrscher und Richter. Der Sanhedrin (jüdischer Rat) war das oberste Gericht des alten Israels, das aus siebzig Männern und einem Hohepriester bestand. Zur Zeit der Jünger traf sich der Sanhedrin jeden Tag im Tempel in Jerusalem, außer an den Festtagen und am Sabbat.

Viele religiöse Führer (wie die obersten Priester und der Hohepriester) lebten im Luxus. Sie finanzierten ihren verschwenderischen Lebensstil mit einer Tempelsteuer, die das hebräische Volk zu zahlen hatte. Diese Tempelsteuer war zusammen mit den von Herodes und den Römern auferlegten Steuern eine große Belastung, die viele Menschen in Armut hielt. Kein Wunder, dass die Hebräer sehnsüchtig auf einen Retter warteten, der die römischen Herrscher stürzen und das Zepter an sich nehmen würde, um der wahre regierende König Israels zu werden.

Male den religiösen Führer farbig aus!

Warum waren die religiösen Führer so mächtig?

....

Warum, glaubst du, erwartete das hebräische Volk sehnlichst einen Erlöser?

....

SILBERLINGE

Zähle die Silbermünzen im Beutel, um herauszufinden, wie viel Geld Judas für den Verrat an Jeschua bekommen hat. Male das Bild aus.

Meine Bibelnotizen

Zeichne ein Bild von Judas.

Schreibe hier auf, was Gott mir heute gezeigt hat:

_____
_____
_____
_____
_____

ICH BIN DER WEG

Lies Johannes 14,1-7. Fülle die Lücken aus.

"Euer .... erschrecke nicht! Glaubt an .... und glaubt an mich! Im .... meines Vaters sind viele Wohnungen; wenn nicht, so hätte ich es euch gesagt. Ich gehe hin, um euch eine Stätte zu .... Und wenn ich hingehe und euch eine Stätte bereite, so komme ich wieder und werde euch zu mir nehmen, damit auch ihr seid, wo ich bin. Wohin ich aber gehe, wisst ihr, und ihr kennt den .... Thomas spricht zu ihm: Herr, wir wissen nicht, wohin du gehst, und wie können wir den Weg kennen? Jeschua (Jesus) spricht zu ihm: Ich bin der Weg und die .... und das Leben; niemand kommt zum .... als nur durch mich! Wenn ihr mich erkannt hättet, so hättet ihr auch meinen Vater erkannt; und von nun an .... ihr ihn und habt ihn gesehen."

HERZ	WAHRHEIT
BEREITEN	GOTT
VATER	ERKENNT
HAUS	WEG

THOMAS

Lies Matthäus 10,14, Johannes 11,1-16, 14,5, 20,1-26, Markus 3 und Apostelgeschichte 1.
Beantworte die folgenden Fragen.

1. „Und wenn euch jemand nicht aufnehmen noch auf eure Worte hören wird, so geht fort aus diesem Haus oder dieser Stadt und schüttelt den _____ von euren Füßen." (Matthäus 10,14)   ....

2. Welche Frage stellte Thomas dem Jeschua in Johannes 14,5?   ....

3. Wie viele Apostel hat Jeschua in Markus 3 berufen?   ....

4. Wie lautet ein anderer Name für Thomas? (Johannes 11)   ....

5. Wen erweckte Jeschua aus dem Grab? (Johannes 11)   ....

6. Was sagte Thomas zu seinen Mitjüngern in Johannes 11,16?   ....

7. Was musste Thomas sehen, um zu glauben, dass Jeschua aus dem Grab auferstanden war?   ....

8. Wie erschien Jeschua den Jüngern in Johannes 20,26?   ....

9. Was sagte Jeschua zu Thomas?   ....

10. Wen wählten Thomas und die Jünger als Ersatz für Judas?   ....

THOMAS

Lies Matthäus 10,14, Johannes 11,1-16, 14,5, 20,1-26, Markus 3 und Apostelgeschichte 1. Finde die Wörter aus der Liste unten und kreise sie ein.

```
Y P I S R A E L I T Q V A I E P
J K L X U P C Q O N B W U X F T
X E D A F X N F Z Q T B F Z V H
G K R Z Z H A U S A G X E X B O
B F N U K A O Y C P K B R G E M
H X X A S I R K U O Z Y S Z O A
A J D Y H A D U R S W H T B Z S
E B Y P T J L C S T O A E E H Y
N O C W K S Z E Q E E V H S J I
D D P Y J U J K M L L Z U E E O
E C N P R W K P L A F H N I S G
Y G L A U B E N O K U X G T C K
H C B C C I D J W Y A A I E H E
N H E B R A E E R P R Z K P U D
Z W E I F E L J U E N G E R A V
Q T V Z W I L L I N G T Z N B T
```

APOSTEL	THOMAS	ZWILLING	LAZARUS
SEITE	ZWOELF	AUFERSTEHUNG	JERUSALEM
GLAUBEN	ZWEIFEL	ISRAELIT	JESCHUA
HEBRAEER	HAENDE	HAUS	JUENGER

Thomas

Wie würdest du den Charakter von Thomas beschreiben?

Lies Matthäus 10,5-15. Welche Anweisungen hat Jeschua den zwölf Aposteln gegeben?

Das Leben von Thomas lehrt mich...

Zeichne ein Bild, um die Geschichte des zweifelnden Thomas nachzuerzählen.

ZWEIFELNDER THOMAS

Schlage deine Bibel auf und lies Johannes 20.
Beantworte die Fragen. Male das Bild aus.

1. Was musste Thomas sehen, um zu glauben, dass Jeschua auferstanden war? (Vers 25)

....
....
....
....

2. Wie viele Tage später erschien Jeschua den Jüngern? (Vers 26)

....
....
....
....

3. Was tat Jeschua, um Thomas zum Glauben zu verhelfen, dass Er aus dem Grab auferstanden war? (Vers 27)

....
....
....
....

Zweifelnder Thomas

Was musste Thomas sehen, um zu glauben, dass der Messias aus dem Grab auferstanden war? Entwirre die Wörter, um die Antwort zu finden. *Tipp: Lies Johannes 20,25 (Schlachter-Bibel).*

„Wnen cih chint an eesnin Hänned asd

_____

Nälgamle eseh und inemen Firnge ni

_____

dsa Näemallg leeg und neiem Hdna

_____

ni inese ieSte eegl ,so dwree hic se

_____

lenimas ubleang!"

_____

Stadt Jerusalem

Jerusalemer Abendblatt

LAND ISRAEL — EINE JÜNGERSCHAFT PUBLIKATION

Der Messias ist auferstanden!

....

....

....

....

....

Thomas zweifelt an der Auferstehung

....

....

....

Gartengrab offen

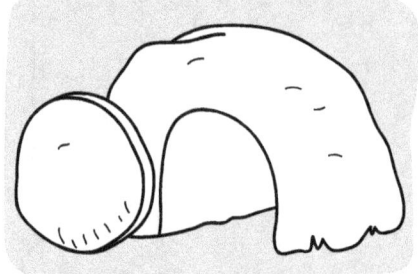

Meine Bibelnotizen

Zeichne ein Bild von Thomas.

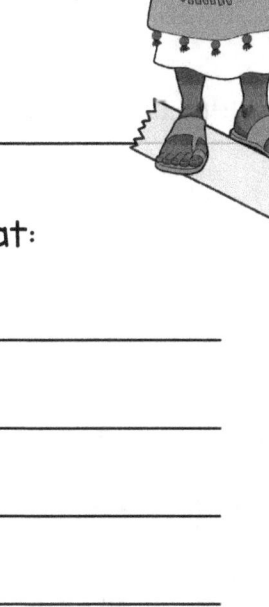

Schreibe hier auf, was Gott mir heute gezeigt hat:

_____
_____
_____
_____
_____

ZWÖLF APOSTEL

Lies Matthäus 10,1-4. Fülle die Lücken aus.

„Da rief er seine .... Jünger zu sich und gab ihnen Vollmacht über die .... Geister, sie auszutreiben, und jede .... und jedes Gebrechen zu heilen. Die Namen der zwölf .... aber sind diese: Der erste Simon, genannt Petrus, und sein Bruder Andreas; Jakobus, der Sohn des Zebedäus, und sein Bruder Johannes; Philippus und ....; Thomas und Matthäus der Zöllner; Jakobus, der .... des Alphäus, und Lebbäus, mit dem Beinamen Thaddäus; Simon der Kananiter (der Zelot), und .... Ischariot, der ihn auch ...."

ZWÖLF   SOHN
UNREINEN   VERRIET
KRANKHEIT   APOSTEL
BARTHOLOMÄUS   JUDAS

BARTHOLOMÄUS

Lies Matthäus 10,1-24, Markus 3, Lukas 6,12-16, Johannes 2,1-12, und Apostelgeschichte 1,1-26. Beantworte die folgenden Fragen.

1. Wie vielen Aposteln hat Jeschua die Vollmacht über unreine Geister gegeben? ....
2. Wohin, sagte Jeschua, sollten Bartholomäus und die anderen Apostel gehen? ....
3. Was, sagte Jeschua, sollten die Apostel nicht mitnehmen? ....
4. Wen rief Jeschua zu sich auf den Berg? (Markus 3) ....
5. Was sagten zwei Männer zu Bartholomäus und den Jüngern in Apostelgeschichte 1,11? ....
6. Wo ist Jeschua in den Himmel aufgefahren? (Apostelgeschichte 1,12) ....
7. In welche Stadt kehrten die Jünger zurück, nachdem Jeschua in den Himmel aufgefahren war? ....
8. Wen wählten Bartholomäus und die Jünger als Ersatz für Judas? ....
9. Der ____ ist nicht über dem Meister, noch der Knecht über seinem Herrn. (Matthäus 10,24) ....
10. Was hat Jeschua bei der Hochzeit in Kana in Wein verwandelt? ....

BARTHOLOMÄUS

Lies Matthäus 10,1-24, Markus 3, Lukas 6,12-16, Johannes 2,1-12 und Apostelgeschichte 1,1-26. Finde die Wörter aus der Liste unten und kreise sie ein.

```
A G Y T O M W H B U K U I V H K
U A R O E L B E R G W G Y E I A
W L T P V O L L M A C H T R M C
A I A D U N I J K U E N M L M I
P L F Q L B H E Z W R B A O E F
O A U N H O C H Z E I T T R L J
S E K N I X B E R G B R T E F E
T A I K R Z L E G A H G H N E S
E U Y S P E Y T C Y Z O I E S C
L H T N K J I X F T A P A S T H
D L J Y A Q O N C G F D S C A U
Z H X I S R A E L I T D M H U A
A I N G E Y D M R X Q S U A B C
I W T L R G J U E N G E R F V W
A J E R U S A L E M M W I E J F
B A R T H O L O M A E U S F A T
```

HOCHZEIT	MATTHIAS	ISRAELIT	STAUB
APOSTEL	OELBERG	HIMMEL	UNREIN
VERLORENE SCHAFE	VOLLMACHT	JERUSALEM	JESCHUA
BARTHOLOMAEUS	BERG	GALILAEA	JUENGER

Bartholomäus

Zeichne eine Karte des Dorfes Kana.

Nenne vier Stellen in der Bibel, an denen Bartholomäus auftaucht.

Das Leben des Bartholomäus lehrt mich...

Wenn die Himmelfahrt Jeschuas ein Buch wäre, würde das Cover so aussehen...

DIE APOSTEL

Schlage deine Bibel auf und lies Markus 3.
Beantworte die Fragen. Male das Bild aus.

1. Wo traf Jeschua seine Apostel? (Vers 13)

....
....
....
....

2. Wie viele Apostel hat Jeschua berufen? (Vers 14)

....
....
....
....

3. Worüber gab Jeschua Bartholomäus und den Aposteln die Vollmacht? (Vers 15)

....
....
....
....

WENN ICH EINEN TAG LANG EIN JÜNGER WÄRE ...

Stelle dir vor, du wärst einer von Jeschuas Jüngern. Wie würdest du Ihm dienen? Denke über das Leben im alten Israel nach und schreibe über deinen Tag als Jünger des Messias.

Was würdest du tun, wenn du einen Tag lang ein Jünger wärst?

EIN ISRAELITISCHES HAUS

Zur Zeit der Jünger waren viele israelitische Häuser klein und einfach. Sie waren aus Lehmziegeln oder Stein gebaut und die Dächer bestanden aus Zweigen oder Stroh, das mit Lehm bedeckt war. Während der Nacht wurden die Haustiere im Stallbereich gehalten, um sie vor Tieren und Räubern zu schützen. Was denkst du? Könnte es sein, dass Bartholomäus und die Jünger in dieser Art von Haus gelebt haben?

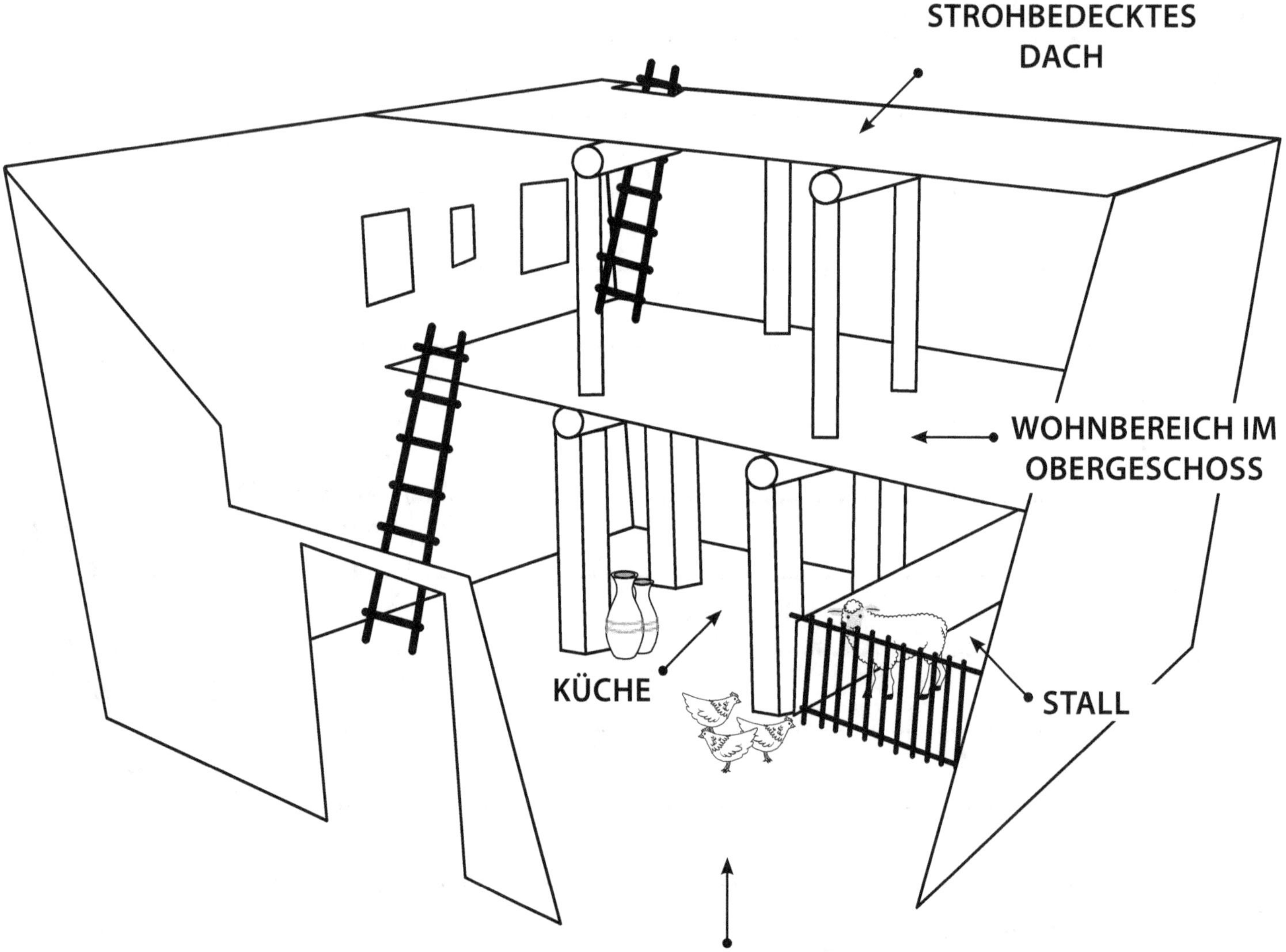

STROHBEDECKTES DACH

WOHNBEREICH IM OBERGESCHOSS

KÜCHE

STALL

INNENHOF

Meine Bibelnotizen

Zeichne ein Bild von Bartholomäus.

Schreibe hier auf, was Gott mir heute gezeigt hat:

_____
_____
_____
_____
_____

HIMMELFAHRT

Lies Apostelgeschichte 1,4-11. Fülle die Lücken aus.

> Und als er mit ihnen zusammen war, gebot er ihnen, nicht von .... zu weichen, sondern die Verheißung des Vaters abzuwarten, die ihr – so sprach er – von mir vernommen habt, denn Johannes hat mit Wasser getauft, ihr aber sollt mit .... getauft werden nicht lange nach diesen Tagen. Da fragten ihn die ...., welche zusammengekommen waren, und sprachen: Herr, stellst du in dieser Zeit für Israel die Königsherrschaft wieder her? Er aber sprach zu ihnen: Es ist nicht eure Sache, die Zeiten oder Zeitpunkte zu kennen, die der .... in seiner eigenen Vollmacht festgesetzt hat; sondern ihr werdet .... empfangen, wenn der Heilige Geist auf euch gekommen ist, und ihr werdet meine .... sein in Jerusalem und in ganz Judäa und Samaria und bis an das Ende der Erde! Und als er dies gesagt hatte, wurde er vor ihren Augen emporgehoben, und eine Wolke nahm ihn auf von ihren Augen weg. Und als sie unverwandt zum Himmel blickten, während er dahinfuhr, siehe, da standen zwei Männer in weißer Kleidung bei ihnen, die sprachen: Ihr Männer von ...., was steht ihr hier und seht zum ....? Dieser Jeschua (Jesus), der von euch weg in den Himmel aufgenommen worden ist, wird in derselben Weise wiederkommen, wie ihr ihn habt in den Himmel auffahren sehen!

JERUSALEM GALILÄA
HEILIGEM GEIST HIMMEL
VATER KRAFT
ZEUGEN JÜNGER

JAKOBUS (SOHN DES ALPHÄUS)

Lies Matthäus 10,1-15, 15,2-3, Markus 3,18, 15,1-40,
Lukas 6,12-16 und Apostelgeschichte 1,1-26.
Beantworte die folgenden Fragen.

1. Wo wurde Jeschua gekreuzigt? ....

2. Wer war die Mutter von Jakobus? (Markus 15) ....

3. Wen wählten Jakobus und die Jünger als Ersatz für Judas? (Apostelgeschichte 1) ....

4. Welche Anweisungen gab Jeschua Jakobus und den Aposteln in Matthäus 10,5-8? ....

5. Was haben die Pharisäer Jakobus und den Jüngern vorgeworfen? ....

6. Was hat Jeschua zu diesen Pharisäern gesagt? (Matthäus 15,3) ....

7. Wie viele Apostel wählte Jeschua in Lukas 6,12-16? ....

8. Wer war zur Hochzeit in Kana eingeladen? (Johannes 21) ....

9. Wer war der Vater von Jakobus? (Markus 3,18) ....

10. Wer erschien neben Jakobus und den Aposteln, als Jeschua in den Himmel auffuhr? (Apostelgeschichte 1) ....

JAKOBUS (SOHN DES ALPHÄUS)

Lies Matthäus 10,1-15, 15,2-3, Markus 3,18, 15,1-40, Lukas 6,12-16 und Apostelgeschichte 1,1-26. Finde die Wörter aus der Liste unten und kreise sie ein.

```
M X H I M M E L Q H T V M I Z C
Y G H Q L G A L I L A E A G M Y
Z Y S C I J E G L A B R V V A X
J U E N G E R Z W E B L V A R W
I R C H X N W B W A O S T I F
H B N Z A D W O Z D I R P E A A
H Y C H P Y F E R L B E Y R A P
S P B E O G V L U O Z N I U L O
G Z N I S E W F L A J E R R P J
R V M L T H T A M X C S G H H F
J H Y E E F Q Z Q N P C Y B A B
M N U N L W S N U Z I H S E E E
J E S C H U A C O K W A S R U T
M A M A T T H I A S T F W G S E
G T M U T T E R J C Y E F D I N
I B U J A K O B U S A X Z T P U
```

APOSTEL	HIMMEL	HEILEN	GALILAEA
MATTHIAS	ZWOELF	VATER	MARIA
VERLORENE SCHAFE	ALPHAEUS	JAKOBUS	JUENGER
BERG	BETEN	MUTTER	JESCHUA

Jakobus (Sohn des Alphäus)

Zeichne ein Bild von Jakobus und den Aposteln.

Beschreibe die Jünger in ein paar Worten.

Das Leben der Jünger lehrt mich...

Jeschua gab Jakobus und den Aposteln die Vollmacht...

NACH JERUSALEM...

Öffne die Bibeln und lies Matthäus 20.
Beantworte die Fragen. Male das Bild aus.

1. Wie viele Jünger zogen mit Jeschua nach Jerusalem? (Vers 17)

....
....
....
....

2. Was sagte Jeschua zu Jakobus und den Jüngern, was mit ihm geschehen würde? (Verse 18-19)

....
....
....
....

3. An welchem Tag sagte Jeschua den Jüngern, dass er auferstehen würde? (Vers 19)

....
....
....
....

Ein Jünger ist jemand, der dem Messias folgt und tut, was Er sagt. Trittst du in Seine Fußstapfen? Schreibe in jeden Teil des Fußes einen Satz, der erklärt, wie du die Anweisungen des Messias in deinem täglichen Leben befolgst.

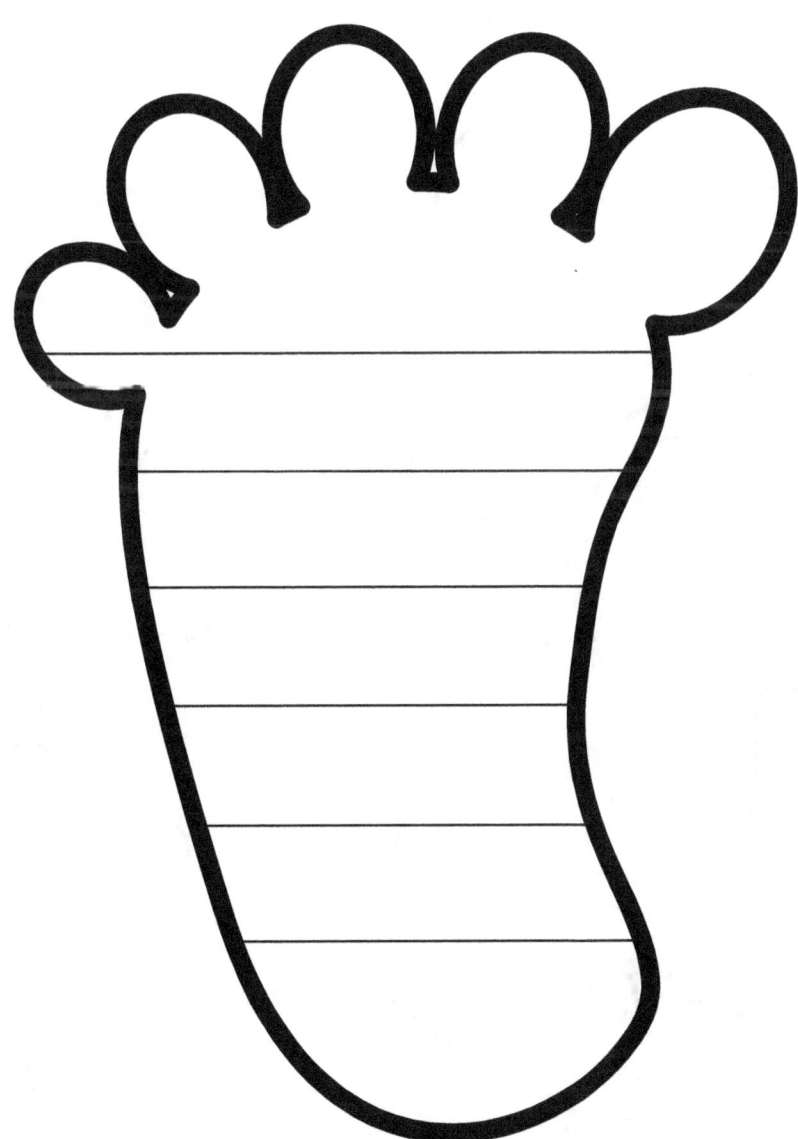

Die Reisen der Jünger

Jeschua wies seine Jünger an, hinauszuziehen und alle Völker zu Jüngern zu machen (Matthäus 28,19). Wohin gingen die Jünger? Lies Matthäus 10 und überlege, wohin sie gereist sein könnten. Wer waren die verlorenen Schafe des Hauses Israel? Male das Bild aus.

Meine Bibelnotizen

Zeichne ein Bild von Jakobus.

Schreibe hier auf, was Gott mir heute gezeigt hat:

HALTET MEINE GEBOTE

Lies Johannes 14,15-24. Fülle die Lücken aus.

„Liebt ihr mich, so .... meine Gebote! Und ich will den Vater bitten, und er wird euch einen anderen Beistand geben, dass er bei euch bleibt in Ewigkeit, den .... der Wahrheit, den die Welt nicht empfangen kann, denn sie beachtet ihn nicht und erkennt ihn nicht; ihr aber erkennt ihn, denn er bleibt bei euch und wird in euch sein. Ich lasse euch nicht als .... zurück; ich komme zu euch. Noch eine kleine Weile, und die Welt sieht mich nicht mehr; ihr aber seht mich; weil ich ...., sollt auch ihr leben! An jenem Tag werdet ihr erkennen, dass ich in meinem Vater bin und ihr in mir und ich in euch. Wer meine .... festhält und sie befolgt, der ist es, der mich liebt; wer aber mich liebt, der wird von meinem Vater geliebt werden, und ich werde ihn lieben und mich ihm offenbaren. Da spricht .... – nicht der Ischariot – zu ihm: Herr, wie kommt es, dass du dich uns offenbaren willst und nicht der Welt? Jeschua (Jesus) antwortete und sprach zu ihm: Wenn jemand mich liebt, so wird er mein Wort befolgen, und mein .... wird ihn lieben, und wir werden zu ihm kommen und Wohnung bei ihm machen. Wer mich nicht ...., der befolgt meine Worte nicht…"

HALTET	JUDAS
GEIST	LIEBT
VATER	WAISEN
GEBOTE	LEBE

JUDAS THADDÄUS (LEBBÄUS)

Lies Johannes 2,1-11, 14,1-24, Matthäus 10,1-25, 15,29-39, 20,17-19 und Apostelgeschichte 1,1-26. Beantworte die folgenden Fragen.

1. „_____ ihr mich, so haltet meine Gebote." (Johannes 14) ....
2. Judas Thaddäus stellte Jeschua in Johannes 14,22 welche Frage? ....
3. Wie viele Apostel sandte Jeschua aus? (Matthäus 10,5) ....
4. Was sagte Jeschua zu Judas Thaddäus und den Jüngern, was mit ihm in Jerusalem geschehen würde? ....
5. Wie weit ist der Ölberg von Jerusalem entfernt? (Apostelgeschichte 1,12) ....
6. Was taten Judas Thaddäus und die Apostel, nachdem Jeschua in den Himmel aufgefahren war? ....
7. Welche zwei Männer wurden vorgeschlagen, um Judas zu ersetzen? (Apostelgeschichte 1,23) ....
8. Wo waren Jeschua, Judas Thaddäus und die Jünger in Kana eingeladen? (Johannes 2) ....
9. Wie viele Menschen haben Jeschua und seine Jünger in Matthäus 15,38 gespeist? ....
10. „Ich sende euch wie _____ mitten unter die Wölfe." (Matthäus 10,16) ....

JUDAS THADDÄUS (LEBBÄUS)

Lies Johannes 2,1-11, 14,1-24, Matthäus 10,1-25, 15,29-39, 20,17-19 und Apostelgeschichte 1,1-26. Finde die Wörter aus der Liste unten und kreise sie ein.

```
E N X D E J H G J X F R Y M K Q
I L Z Q X H U Y E M Z H U E A D
F I S C H H H E Y B G T B I N B
S A H U M G N U N V O R P S A W
J E S C H U A Y N G Q T P T G F
D T P F F L F X R G E H E E D G
M A V H G Z P R P R R R X R U E
K T H A D D A E U S B I M R K T
B T O Z B N V T S J G N G W B H
D A H C A C R C X L D M X X L S
K O E R B E Q C X W D P C Q U E
L U N J U D A S B F L X F K T M
D B R O T S L E B B A E U S R A
G S L I E B E D T E W D N O K N
Z D G F R U A P O S T E L U X E
X V A A V M J E R U S A L E M N
```

APOSTEL	KOERBE	FISCH	GETHSEMANE
LIEBE	BROT	JUDAS	MEISTER
KANA	HUNGRIG	JERUSALEM	JESCHUA
LEBBAEUS	GEBOTE	THADDAEUS	JUENGER

Judas Thaddäus

Zeichne ein Bild, um die Geschichte von Jeschua und seinen Jüngern bei der Speisung der 4000 nachzuerzählen.

Liste die zwölf Jünger auf.

Was könnte ich aus dem Leben von Judas Thaddäus lernen?

Lies Johannes 14,19-24. Ich liebe Jeschua indem ich...

DAS LETZTE ABENDMAHL

Schlage deine Bibel auf und lies Johannes 13.
Beantworte die Fragen. Male das Bild aus.

1. Wer wusch seinen Jüngern die Füße? (Vers 5)

....
....
....
....

2. Welcher Jünger verließ das Abendmahl, um Jeschua zu verraten? (Vers 29)

....
....
....
....

3. Welches neue Gebot hat Jeschua seinen Jüngern gegeben? (Vers 34)

....
....
....
....

Das letzte Abendmahl

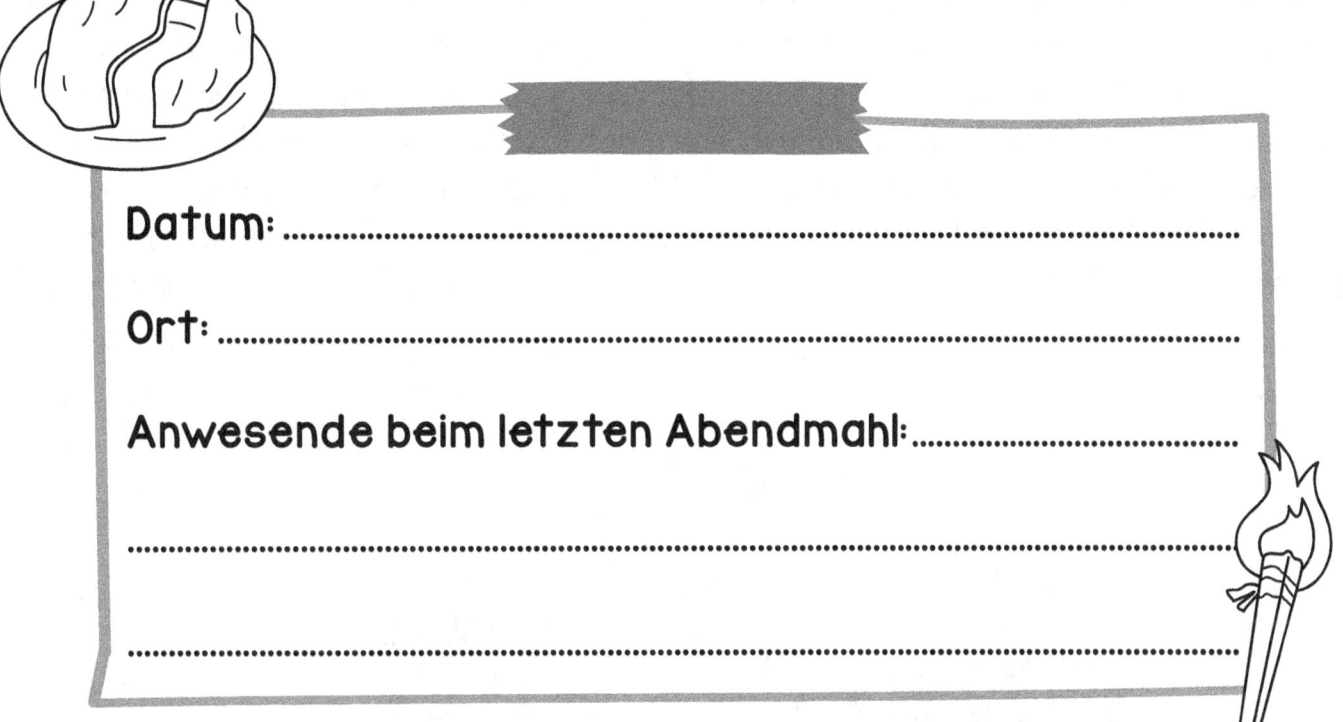

Datum: ....

Ort: ....

Anwesende beim letzten Abendmahl: ....

....

....

Male das Brot und den Wein aus!

Zeichne einen Jünger

GETHSEMANE

Nachdem Jeschua mit seinen Jüngern gespeist hatte, brachte er sie an einen Ort voller Olivenbäume, der Gethsemane genannt wurde. Das Wort Gethsemane leitet sich von zwei hebräischen Wörtern ab: gat, was „pressen oder zerdrücken" bedeutet und shemen, was „Öl" bedeutet. Olivenöl war ein wichtiger Bestandteil der israelitischen Kultur. Oliven wurden von Hand oder durch Abschlagen der Früchte von den Bäumen geerntet und dann mit einer Ölpresse zerdrückt, um Öl herzustellen. Olivenöl wurde zum Kochen, für Lebensmittel, als Brennmaterial, als Medizin und zur Salbung von Königen verwendet. Überlege, warum Jeschua mit seinen Jüngern Gethsemane besuchte. Beschrifte den Olivenbaum mit den Worten unten.

Wurzeln   **Zweige**   **Oliven**

Blätter   **Stamm**

★ Meine Bibelnotizen ★

Zeichne ein Bild von Judas Thaddäus.

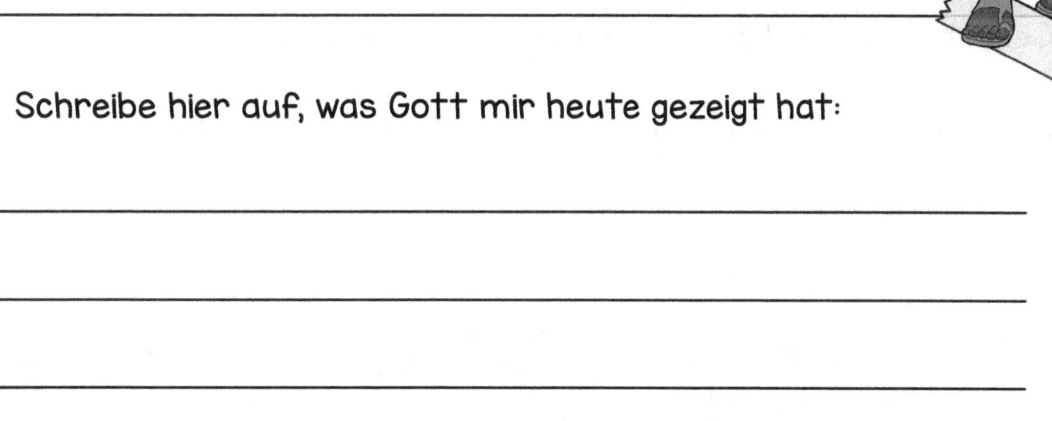

Schreibe hier auf, was Gott mir heute gezeigt hat:

_____
_____
_____
_____
_____

FOLGE MIR

Lies Matthäus 9,9-13. Fülle die Lücken aus.

> Und als Jeschua (Jesus) von da weiterging, sah er einen Menschen an der .... sitzen, der hieß ....; und er sprach zu ihm: Folge mir nach! Und er stand auf und folgte ihm nach. Und es geschah, als er in dem Haus zu .... saß, siehe, da kamen viele Zöllner und .... und saßen mit Jeschua und seinen Jüngern zu Tisch. Und als die Pharisäer es sahen, sprachen sie zu seinen ....: Warum isst euer Meister mit den Zöllnern und Sündern? .... aber, als er es hörte, sprach zu ihnen: Nicht die Starken brauchen den ...., sondern die Kranken. Geht aber hin und lernt, was das heißt: »Ich will .... und nicht Opfer«. Denn ich bin nicht gekommen, Gerechte zu berufen, sondern Sünder zur Buße.

MATTHÄUS	ARZT
ZOLLSTELLE	BARMHERZIGKEIT
SÜNDER	TISCH
JÜNGERN	JESCHUA (JESUS)

MATTHÄUS

Lies Matthäus 9,9-13, Lukas 5,27-32, 8,40-48,
Markus 2,1-14, 3,13 und Apostelgeschichte 1,1-26.
Beantworte die folgenden Fragen.

1. Wo war Matthäus, als Jeschua ihn rief? ....

2. Wer kam und saß mit Jeschua und seinen Jüngern zu Tisch? ....

3. Was sagte Jeschua den Pharisäern in Matthäus 9,13, was er sich wünschte? ....

4. Wie wurde Matthäus noch genannt? (Lukas 5,27) ....

5. Was hat Matthäus für Jeschua in Lukas 5,29 getan? ....

6. Wer war der Vater von Matthäus? (Markus 2,14) ....

7. Wo hat Jeschua Matthäus und seine Jünger als Apostel berufen? (Markus 3,13) ....

8. Wo sahen die Jünger die Himmelfahrt von Jeschua? (Apostelgeschichte 1,12) ....

9. Was war die Arbeit von Matthäus? (Matthäus 9,9) ....

10. Wie wurde die Frau in Lukas 8,44 geheilt? ....

MATTHÄUS

Lies Matthäus 9,9-13, Lukas 5,27-32, 8,40-48, Markus 2,1-14, 3,13 und Apostelgeschichte 1,1-26.
Finde die Wörter aus der Liste unten und kreise sie ein.

```
H P W J B G W S Z D R X L M W L
J Z X N V G Z U T I S C H Y B
Z E O G F P E A N E D G A L Z A
P O R L F E A D L V H A P M B R
S U E U L F S A S I U C O A H M
T U Z L S S F T U Q L G S T Q H
Q B E M N A T O M K C A T T Z E
O L K N Z N L A L A H I E H W R
B N J U D J E E E G H X L A O Z
M S Z T E E O R M T E L L E E I
C H R Z H X R X G D T M Y U L G
C J U E N G E R J X G E I S F K
T V E R W U K Y Z J H O T R B E
V P H A R I S A E E R K S Q L I
K G Q I Z K G E P Z T X B Q W T
J E S C H U A O Y G F L E V I A
```

APOSTEL	ZOLLSTAETTE	SUENDER	PHARISAEER
FOLGE MIR	ZWOELF	JERUSALEM	BARMHERZIGKEIT
FESTMAHL	ZOELNNER	LEVI	JESCHUA
MATTHAEUS	ZU TISCH	GALILAEA	JUENGER

Matthäus

Zeichne ein Bild von Matthäus, wie er in der Zollstätte sitzt.

In Lukas 5 bereitet Matthäus (Levi) ein Mahl für Jeschua. Gestalte dein eigenes Festmahl!

Was könnte mich das Leben der Jünger lehren?

Stelle dir vor, du bist Matthäus. Schreibe einen Tagebucheintrag über den Tag, an dem Jeschua die blutflüssige Frau geheilt hat.

DIE STURMSTILLUNG

Schlage die Bibel auf lies Lukas 8.
Beantworte die Fragen. Male das Bild aus.

1. Wer stieg mit Jeschua in das Schiff? (Vers 22)

....
....
....
....

2. Warum haben die Jünger Jeschua geweckt? (Vers 23)

....
....
....
....

3. Was sagten die Jünger zueinander, nachdem Jeschua den Sturm beruhigt hatte? (Vers 25)

....
....
....
....

DER ZÖLLNER

Zur Zeit der Jünger war Judäa Teil des Römischen Reiches. Die römischen Herrscher ließen die Hebräer viele Steuern bezahlen und die hebräischen Steuereintreiber wurden verachtet, weil sie diese Steuern für Rom eintrieben. Reiche Hebräer bewarben sich um die Position des Steuereintreibers und wurden dann noch reicher, indem sie hohe Gebühren auf den geschuldeten Betrag aufschlugen. Zöllner wie Matthäus sammelten Steuern für Handelswaren oder Gebühren für Importe und Exporte von Kaufleuten, die zum Handel nach Israel kamen.

Die religiösen Führer verachteten die hebräischen Zöllner. Sie galten wegen ihres Kontakts mit den Römern als unrein und wurden vom religiösen Leben, einschließlich Tempel- und Synagogenversammlungen, ausgeschlossen. Berühmte Zöllner in der Bibel sind Matthäus und Zachäus.

Male den Zöllner aus!

Warum wurden die Zöllner von den Hebräern verachtet?

....

Wie schlossen die religiösen Führer die Zöllner vom religiösen Leben aus?

....

BESCHRIFTE DEN RÖMISCHEN SOLDATEN

Zur Zeit der Jünger herrschten die Römer über Judäa. Römische Soldaten trugen schwere Rüstungen. Recherchiere im Internet oder in einer Enzyklopädie, welche Art von Kleidung die römischen Soldaten trugen. Beschrifte die einzelnen Teile der Rüstung des Soldaten. Male das Bild aus.

(a) Helm
(b) Wolltunika
(c) Armschutz
(d) Sandalen
(e) Körperpanzer
(f) Schulterpanzer
(g) Umhang

⭐ Meine Bibelnotizen ⭐

Zeichne ein Bild von Matthäus.

Schreibe hier auf, was Gott mir heute gezeigt hat:

_____
_____
_____
_____
_____

MENSCHENFISCHER

Lies Matthäus 4,18-22. Fülle die Lücken aus.

„Als Jeschua (Jesus) aber am See von .... entlangging, sah er zwei Brüder, Simon, genannt Petrus, und dessen Bruder ....; die warfen das Netz in den See, denn sie waren Fischer. Und er spricht zu ihnen: Folgt mir nach, und ich will euch zu .... machen! Da verließen sie sogleich die .... und folgten ihm nach. Und als er von dort weiterging, sah er in einem Schiff zwei andere ...., Jakobus, den Sohn des ...., und dessen Bruder Johannes mit ihrem Vater Zebedäus ihre Netze ....; und er berief sie. Da verließen sie sogleich das .... und ihren Vater und folgten ihm nach."

GALILÄA   ZEBEDÄUS
ANDREAS   SCHIFF
MENSCHENFISCHERN   BRÜDER
NETZE   FLICKEN

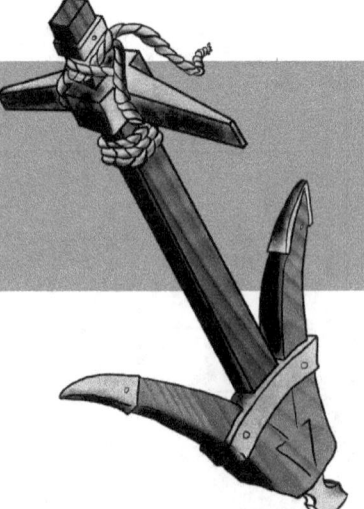

ANDREAS

Lies Johannes 1,35-42, 6,1-15, Markus 13,3-13 und Matthäus 4,18-22.
Beantworte die folgenden Fragen.

1. Was sagte Johannes der Täufer, als Jeschua vorbeikam? (Johannes 1,35)

2. Wer war der Bruder von Andreas? (Johannes 1,40)

3. Welches Fest stand bevor? (Johannes 6,4)

4. Wie viele Brote und Fische, sagte Andreas, hatte der Junge?

5. Wer saß mit Jeschua auf dem Ölberg? (Markus 13,3)

6. Was war Andreas' Arbeit? (Matthäus 4,18)

7. Zu welchen beiden Brüdern sagte Jeschua, dass sie ihm folgen sollten?

8. In wessen Haus ging Jeschua in Markus 1,29?

9. Wen hat Jeschua in diesem Haus geheilt?

10. An welchem See kam Jeschua in Matthäus 4,18 vorbei?

ANDREAS

Lies Johannes 1,35-42, 6,1-15, Markus 13,3-13, Matthäus 4,18-22 und Apostelgeschichte 1-26. Finde die Wörter aus der Liste unten und kreise sie ein.

PESSACH	OELBERG	HEILEN	JOHANNES
PETRUS	FISCHER	JERUSALEM	ANDREAS
HEILIGER GEIST	FISCHE	GENEZARETH	JESCHUA
BROTE	HAUS	JAKOB	JUENGER

Andreas

Gestalte ein Fischerboot für Andreas und Simon (Petrus).

Lies Johannes 6,1-15. Zeichne ein Bild, um die Geschichte der Speisung der 5000 nachzuerzählen.

Was könnte ich aus dem Leben von Andreas lernen?

Wenn das Leben von Andreas ein Buch wäre, würde das Cover so aussehen...

DIE HEILUNG DER KRANKEN

Schlage die Bibel auf und lies Markus 1,29-34.
Beantworte die Fragen. Male das Bild aus.

1. In wessen Haus ging Jeschua? (Vers 29)

....
....
....
....

2. Wer war krank? (Vers 30)

....
....
....
....

3. Wie hat Jeschua die Frau geheilt? (Vers 31)

....
....
....
....

★ DAG ★

Das hebräische Wort für Fisch ist dag. Einige der Jünger des Messias (Andreas, Petrus, Jakobus und Johannes) waren Fischer. Sie lebten in oder in der Nähe des Dorfes Kapernaum und verdienten ihren Lebensunterhalt mit dem Fischfang auf dem See Genezareth.

Zeichne hier das hebräische Wort nach:

Schreibe hier selbst das hebräische Wort auf:

EIN PAPIERBOOT BASTELN

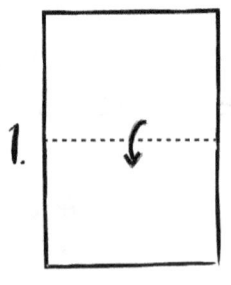 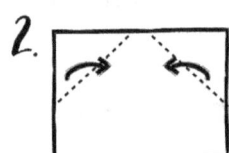 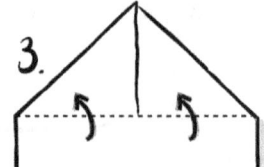 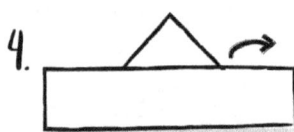

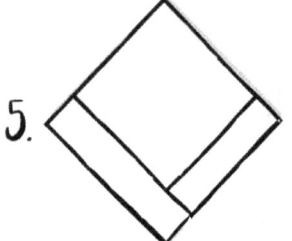 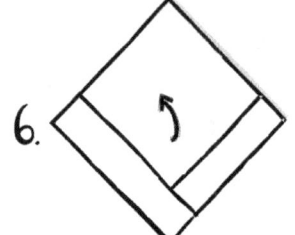 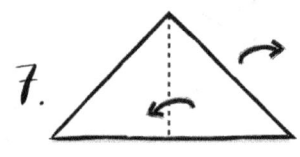 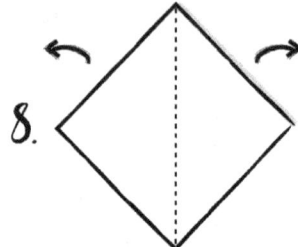

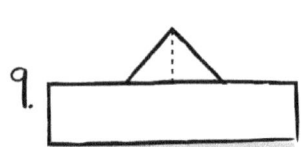 

1. Falte ein Stück Papier (A4 oder Briefgröße) von oben nach unten in der Hälfte.
2. Falte die oberen Ecken zur Mitte hin, so dass sie sich treffen. Lass am unteren Rand 4-5 Zentimeter frei.
3. Falte die Laschen an der Unterseite der Dreiecksform an beiden Seiten nach oben.
4. Öffne die Mitte, um eine Hutform zu erhalten.
5. Öffne die Hutform weiter, bis sie ein Quadrat bildet. Stecke die Ecken der einen Lasche unter die andere.
6. Falte die unteren Laschen des Quadrats an beiden Seiten nach oben, um eine Dreiecksform zu erhalten.
7. Ziehe die Mitte des Dreiecks heraus, um ein Quadrat zu bilden.
8. Ziehe die Mitte des Quadrats heraus.
9. Drücke die Form flach.
10. Öffne von unten nach außen, um deine Bootsform zu erhalten. Herzlichen Glückwunsch! Fertig ist dein Papierboot.

Meine Bibelnotizen

Zeichne ein Bild von Andreas.

Schreibe hier auf, was Gott mir heute gezeigt hat:

_____
_____
_____
_____
_____

STEH AUF!

Lies Lukas 7,11-17. Fülle die Lücken aus.

> Und es begab sich am folgenden Tag, dass er in eine Stadt namens .... ging, und mit ihm zogen viele seiner .... und eine große Volksmenge. Wie er sich aber dem .... näherte, siehe, da wurde ein Toter herausgetragen, der einzige Sohn seiner ...., und sie war eine Witwe; und viele Leute aus der Stadt begleiteten sie. Und als .... sie sah, erbarmte er sich über sie und sprach zu ihr: Weine nicht! Und er trat hinzu und rührte den Sarg an; die Träger aber standen still. Und er sprach: Junger Mann, ich sage dir: Steh auf! Und der .... setzte sich auf und fing an zu reden; und er gab ihn seiner Mutter. Da wurden sie alle von Furcht ergriffen und priesen Gott und sprachen: Ein großer .... ist unter uns aufgestanden, und: Gott hat sein Volk heimgesucht! Und diese Rede über ihn verbreitete sich in ganz .... und in der ganzen Umgegend.

JÜNGER	PROPHET
MUTTER	JUDÄA
DER HERR	STADTTOR
TOTE	NAIN

SIMON DER ZELOT

Lies Matthäus 10,4, Markus 14,1-50, Lukas 6,12-19, 7, 11-17, 8,1-3, 9,1-17 und Apostelgeschichte 1,1-26. Beantworte die folgenden Fragen.

1. Wie wurde Simon noch genannt? (Matthäus 10,4) ....
2. Wie viele Apostel wählte Jeschua aus? (Lukas 6,13) ....
3. Wo sahen Simon und die Apostel Jeschua in den Himmel auffahren? (Apostelgeschichte 1,12) ....
4. Wen wählten Simon und die Apostel als Ersatz für Judas? (Apostelgeschichte 1,26) ....
5. In welcher Stadt zog Jeschua den Sohn einer Witwe auf? (Lukas 7,11) ....
6. Wer reiste noch mit Jeschua und den Jüngern, als er das Evangelium verkündete? (Lukas 8,1-3) ....
7. Wozu gab Jeschua seinen Aposteln die Vollmacht? (Lukas 9,1) ....
8. Wie viele Menschen speisten Jeschua und seine Jünger? (Lukas 9,14) ....
9. Was taten die Jünger, als Jeschua in Gethsemane verhaftet wurde? ....
10. In welcher Stadt trafen Simon und die Jünger Jeschua zum letzten Mal? ....

SIMON DER ZELOT

Lies Matthäus 10,4, Markus 14,1-50, Lukas 6,12-19, 7,11-17, 8,1-3, 9,1-17 und Apostelgeschichte 1,1-26. Finde die Wörter aus der Liste unten und kreise sie ein.

```
U A S Z I A W R R H W J S Z Y L
D X I P W O B O V X T E Z E I H
O B G S R O D A L T I R J L R Z
W D A S R E E V G Y A U B O O T
B H L M W A D L P N K S W T E G
K O I M C M E I F S A A T N L R
V A L W T U P L G E N L V M B O
Z F A Z E Z N H I E A E O E E E
U S E V C C M P D T N M O G R S
G Q A I H E I L E N I R S E G S
S E K F F L H X E J T H I W Q T
V N G B Z U O G G N E N M L J E
G L E I C H N I S V R A O A X R
J E S C H U A V T R E I N C Y X
S A P O S T E L U L A N Y M N N
O P K J U E N G E R F C U J S T
```

JUENGER	OELBERG	PREDIGEN	GALILAEA
APOSTEL	SIMON	ISRAELIT	KANANITER
GLEICHNIS	NAIN	HEILEN	ZELOT
GROESSTER	ZWOELF	JERUSALEM	JESCHUA

Simon

Der Messias gab Simon und den Aposteln die Vollmacht...

Lies Lukas 7. Zeichne ein Bild, um das Wunder von Nain nachzuerzählen.

Was könnte ich aus dem Leben von Simon lernen?

Forsche nach: Was war ein Zelot?

REICH GOTTES

Schlage deine Bibel auf und lies Matthäus 19,16-30.
Beantworte die Fragen. Male das Bild aus.

1. Wie kommt ein Reicher in das Himmelreich? (Vers 23)

....
....
....
....

2. Wen werden die Nachfolger von Jeschua in der neuen Welt richten? (Vers 28)

....
....
....
....

3. Was wird mit Menschen geschehen, die Dinge zurückgelassen haben, um Jeschua zu folgen? (Vers 29)

....
....
....
....

GESTALTE DEINE EIGENE MÜNZE

Zur Zeit des Neuen Testaments herrschten die Römer in Judäa. Die Standardeinheit der römischen Währung war der silberne Denar, der das Bild von Cäsar trug. Ein Arbeitgeber zahlte einem Arbeiter einen Denar für einen 12-Stunden-Arbeitstag. Eine andere Art von Silbermünze, die von den Hebräern verwendet wurde, war der Schekel, der vier Denare wert war. Die halbe Schekel-Tempelsteuer, die alle Hebräer zum Unterhalt des Tempels in Jerusalem zahlten, entsprach zwei Denaren oder zwei Drachmen. Der Messias befahl Petrus, einen Fisch zu fangen und sein Maul zu öffnen, wo er einen Stater (eine Vier-Drachmen-Münze) fand. Das war genug, um die Tempelsteuer für beide zu bezahlen.

Gestalte deine eigene Silbermünze im Feld unten. Gebrauche deine Fantasie!

Male den Israeliten aus!

DIE NAMEN DER JÜNGER

Der Messias berief zwölf Männer, ihm zu folgen. Schreibe ihre Namen auf die Felsen.

⭐ Meine Bibelnotizen ⭐

Zeichne ein Bild von Simon.

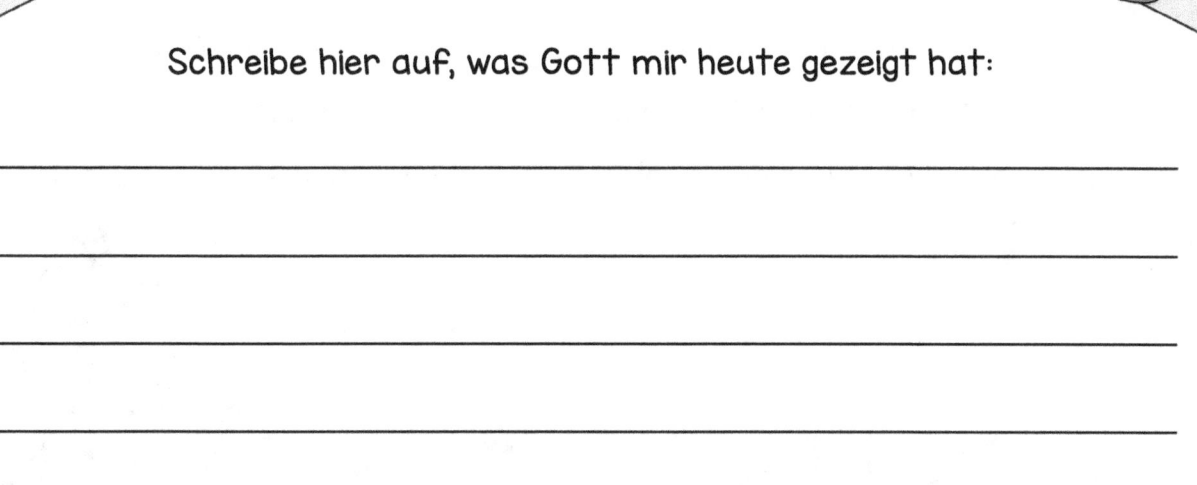

Schreibe hier auf, was Gott mir heute gezeigt hat:

_____
_____
_____
_____
_____

KÖNIG VON ISRAEL

Lies Johannes 1,43-51. Fülle die Lücken aus.

„Am folgenden Tag wollte .... nach Galiläa reisen; da findet er Philippus und spricht zu ihm: Folge mir nach! Philippus aber war von Bethsaida, aus der Stadt des Andreas und Petrus. Philippus findet den Nathanael und spricht zu ihm: Wir haben den gefunden, von welchem Mose im .... und die Propheten geschrieben haben, Jeschua (Jesus), den Sohn Josephs, von .... Und Nathanael sprach zu ihm: Kann aus Nazareth etwas Gutes kommen? Philippus spricht zu ihm: Komm und sieh! Jeschua sah den .... auf sich zukommen und spricht von ihm: Siehe, wahrhaftig ein Israelit, in dem keine Falschheit ist! Nathanael spricht zu ihm: Woher kennst du mich? Jeschua antwortete und sprach zu ihm: Ehe dich .... rief, als du unter dem Feigenbaum warst, sah ich dich! Nathanael antwortete und sprach zu ihm: Rabbi, du bist der Sohn Gottes, du bist der .... von Israel! Jeschua antwortete und sprach zu ihm: Du glaubst, weil ich dir sagte: Ich sah dich unter dem ....? Du wirst Größeres sehen als das! Und er spricht zu ihm: Wahrlich, wahrlich, ich sage euch: Künftig werdet ihr den .... offen sehen und die Engel Gottes auf- und niedersteigen auf den Sohn des Menschen!"

JESCHUA (JESUS)   HIMMEL
GESETZ (THORA)   NAZARETH
KÖNIG   PHILIPPUS
FEIGENBAUM   NATHANAEL

PHILIPPUS

Lies Johannes 1,1-50, 6,1-15, 12,1-26, 14,1-17, Lukas 6,1-16 und Apostelgeschichte 1,1-26. Beantworte die folgenden Fragen.

1. Wo fand Jeschua Philippus? (Johannes 1,43) ....

2. Was sagte Philippus zu Nathanael? (Johannes 1,45) ....

3. Was sagte Jeschua, als er Nathanael sah? (Johannes 1,47) ....

4. Aus welcher Stadt stammte Philippus? (Johannes 12,21) ....

5. Was sagten die Griechen zu Philippus in Johannes 12,20? ....

6. „Ich bin der Weg und die _____ und das Leben; niemand kommt zum Vater als nur durch mich!" (Johannes 14:6) ....

7. Was sagte Jeschua den Jüngern, was sie tun sollten, wenn sie ihn liebten? (Johannes 14,15) ....

8. Warum fragte Jeschua Philippus, wo er Brot kaufen sollte? (Johannes 6,5) ....

9. Wohin gingen Philippus und die Apostel, nachdem Jeschua in den Himmel aufgefahren war? ....

10. Wie viele Apostel berief Jeschua? (Lukas 6,14) ....

PHILIPPUS

Lies Johannes 1,1-50, 6,1-15, 12,1-26, 14,1-17, Lukas 6,1-16 und Apostelgeschichte 1,1-26. Finde die Wörter aus der Liste unten und kreise sie ein.

APOSTEL	ZWOELF	FISCH	JERUSALEM
PHILIPPUS	NATHANAEL	GRIECHENLAND	GALILAEA
JUENGER	VOLLMACHT	VATER	JESCHUA
BROT	ISRAELIT	FEIGENBAUM	BETHSAIDA

Philippus

Zeichne eine Krone für einen König. Benutze deine Fantasie!

Zeichne ein Bild, um die Geschichte von Philippus und den Jüngern bei der Speisung der 5000 nachzuerzählen.

Was könnte ich aus dem Leben von Philippus lernen?

Warum, glaubst du, nannte Jeschua Nathanael einen Israeliten?

SPEISUNG DER 5000

Schlage deine Bibel auf und lies Johannes 6.
Beantworte die Fragen. Male das Bild aus.

1. Warum fragte Jeschua Philippus, wo er Brot kaufen konnte? (Vers 6)

....
....
....
....

2. Wie viele Brote und Fische hatte der Junge? (Vers 9)

....
....
....
....

3. Wie viele Körbe haben die Jünger mit Brotstücken gefüllt? (Vers 13)

....
....
....
....

WAS TRUGEN DIE JÜNGER?

In biblischen Zeiten trugen die israelitischen Männer andere Kleidung als heute. Die meisten Männer trugen eine innere Tunika, ein äußeres Gewand oder einen Mantel, Zizit und Sandalen. Die Tuniken waren aus Wolle, Leinen oder Baumwolle und wurden an der Taille durch einen Gürtel aus Leder oder Stoff zusammengehalten. Die äußeren Gewänder wurden aus Wollstoff hergestellt. Blaue und weiße Zizit aus Leinen oder Wollfäden wurden getragen, um die Männer daran zu erinnern, Gottes Gebote zu befolgen (Numeri 15,37-41). Sandalen wurden aus Leder und trockenem Gras hergestellt und hatten Schnüre oder Seile aus billigerem Material. Recherchiere im Internet oder in einer Enzyklopädie, was Männer in biblischen Zeiten trugen. Schreibe zwei Fakten zu jedem Kleidungsstück in die Kästchen unten.

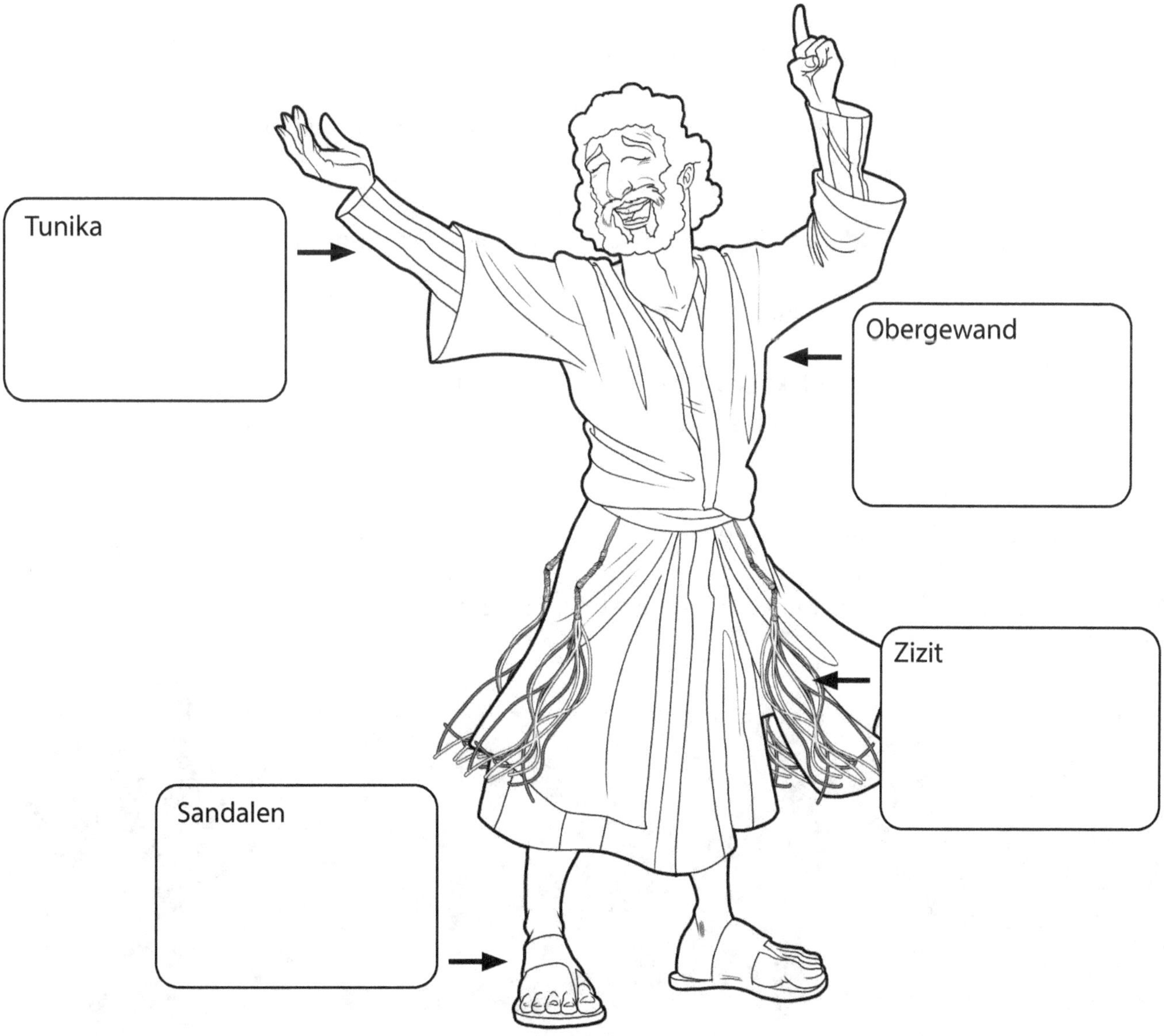

- Tunika
- Obergewand
- Zizit
- Sandalen

FAKTEN ZU DEN JÜNGERN

Jeschua lehrte seine Jünger, wie man andere zu Jüngern macht. Wer waren Jeschuas Jünger? Lies die folgenden Fakten und ordne sie dem richtigen Jünger zu.

1. .... Ein Judäer, er verriet Jeschua für 30 Silberstücke und erhängte sich.

2. .... Griechischer Name war Didymus, zweifelte an der Auferstehung von Jeschua.

3. .... Bruder von Jakobus, zweiter Name war Boanerges, was Donnersohn bedeutet, schrieb das Johannes-Evangelium und die Offenbarung.

4. .... Aus Bethsaida stammend, einer der ersten Jünger.

5. .... Der Sohn des Zebedäus, predigte in Jerusalem und Judäa, wurde von Herodes 44 n. Chr. enthauptet.

6. .... Der Bruder von Petrus, Fischer, ursprünglich ein Jünger von Johannes dem Täufer.

7. .... Der Zöllner, auch Levi genannt.

8. .... Bruder von Jakobus dem Jüngeren, er fragte Jeschua beim letzten Abendmahl: „Herr, wie kommt es, dass du dich uns offenbaren willst und nicht der Welt?" (Johannes 14,22)

9. .... Sein Name bedeutet Sohn des Tolmai, lebte in Kana.

10. .... Fischer, verheiratet, leugnete dreimal, Jeschua zu kennen.

ANDREAS
BARTHOLOMÄUS
JAKOBUS, SOHN DES ZEBEDÄUS
THOMAS
JOHANNES

JUDAS
JUDAS THADDÄUS
MATTHÄUS
PETRUS
PHILIPPUS

✭ Meine Bibelnotizen ✭

Zeichne ein Bild von Philippus.

Schreibe hier auf, was Gott mir heute gezeigt hat:

_____
_____
_____
_____
_____

Zusätzliche Aktivitäten

PETRUS

Schlage deine Bibel auf und lies Matthäus 8,14-17, 17,1-13, Johannes 1, 13,1-36, 18, 21 und Apostelgeschichte 1. Welche neuen Fakten hast du über Petrus entdeckt? Schreibe einen kurzen Absatz, um Petrus zu beschreiben. Benutze deine Fantasie, um das Bild unten auf der Seite auszumalen.

JOHANNES

Schlage deine Bibel auf und lies Matthäus 17,1-13, Lukas 9,51-56, Markus 3,17, 14,32-41, Johannes 21,1-25, Apostelgeschichte 1,1-26 und 4. Welche neuen Fakten hast du über Johannes entdeckt? Schreibe einen kurzen Absatz, um Johannes zu beschreiben. Benutze deine Fantasie, um das Bild unten auf der Seite auszumalen.

JAKOBUS (SOHN DES ZEBEDÄUS)

Schlage deine Bibel auf und lies Matthäus 4,18-22, 17,1-8, Markus 3,17, 5,35-43, Lukas 9,51-56 und Apostelgeschichte 12. Welche neuen Fakten hast du über Jakobus (Sohn des Zebedäus) entdeckt? Schreibe einen kurzen Absatz, um Jakobus zu beschreiben. Benutze deine Fantasie, um das Bild unten auf der Seite auszumalen.

JUDAS

Schlage deine Bibel auf und lies Lukas 6, Markus 14,1-11, Johannes 12,1-13,30, Lukas 22, und Matthäus 10,1-6, 26,1-27,10. Welche neuen Fakten hast du über Judas entdeckt? Schreibe einen kurzen Absatz, um Judas zu beschreiben. Benutze deine Fantasie, um das Bild unten auf der Seite auszumalen.

THOMAS

Schlage deine Bibel auf und lies Matthäus 10,14, Johannes 11,1-16, 14,5, 20,1-26, Markus 3 und Apostelgeschichte 1. Welche neuen Fakten hast du über Thomas entdeckt? Schreibe einen kurzen Absatz, um Thomas zu beschreiben. Benutze deine Fantasie, um das Bild unten auf der Seite auszumalen.

BARTHOLOMÄUS

Schlage deine Bibel auf und lies Matthäus 10,1-24, Markus 3, Lukas 6,12-16, Johannes 2,1-12 und Apostelgeschichte 1,1-26. Welche neuen Fakten hast du über Bartholomäus entdeckt? Schreibe einen kurzen Absatz, um Bartholomäus zu beschreiben. Benutze deine Fantasie, um das Bild unten auf der Seite auszumalen.

JAKOBUS (SOHN DES ALPHÄUS)

Schlage deine Bibel auf und lies Matthäus 10,1-15, 15,2-3, Markus 3,18, 15,1-40, Lukas 6,12-16 und Apostelgeschichte 1,1-26. Welche neuen Fakten hast du über Jakobus (Sohn des Alphäus) entdeckt? Schreibe einen kurzen Absatz, um Jakobus zu beschreiben. Benutze deine Fantasie, um das Bild unten auf der Seite auszumalen.

....

....

....

....

....

....

JUDAS THADDÄUS (LEBBÄUS)

Schlage deine Bibel auf und lies Johannes 2,1-11, 14,1-24, Matthäus 10,1-25, 15,29-39, 20,17-19 und Apostelgeschichte 1,1-26. Welche neuen Fakten hast du über Judas Thaddäus entdeckt? Schreibe einen kurzen Absatz, um Judas Thaddäus zu beschreiben. Benutze deine Fantasie, um das Bild unten auf der Seite auszumalen.

MATTHÄUS

Schlage deine Bibel auf und lies Matthäus 9,9-13, Lukas 5,27-32, 8,40-48, Markus 2,1-14, 3,13 und Apostelgeschichte 1,1-26. Welche neuen Fakten hast du über Matthäus entdeckt? Schreibe einen kurzen Absatz, um Matthäus zu beschreiben. Benutze deine Fantasie, um das Bild unten auf der Seite auszumalen.

....

....

....

....

....

....

....

ANDREAS

Schlage deine Bibel auf und lies Johannes 1,35-42, 6,1-15, Markus 13,3-13, Lukas 6, Matthäus 4,18-22 und Apostelgeschichte 1,1-26. Welche neuen Fakten hast du über Andreas entdeckt? Schreibe einen kurzen Absatz, um Andreas zu beschreiben. Benutze deine Fantasie, um das Bild unten auf der Seite auszumalen.

....

....

....

....

....

....

....

SIMON

Schlage deine Bibel auf und lies Matthäus 10,4, Markus 14,1-50, Lukas 6,12-19, 7,11-17, 8,1-3, 9,1-17 und Apostelgeschichte 1,1-26. Welche neuen Fakten hast du über Simon entdeckt? Schreibe einen kurzen Absatz, um Simon zu beschreiben. Benutze deine Fantasie, um das Bild unten auf der Seite auszumalen.

PHILIPPUS

Schlage deine Bibel auf und lies Sie Johannes 1,1-50, 6,1-15, 12,1-26, 14,1-17, Lukas 6,1-16 und Apostelgeschichte 1,1-26. Welche neuen Fakten hast du über Philippus entdeckt? Schreibe einen kurzen Absatz, um Philippus zu beschreiben. Benutze deine Fantasie, um das Bild unten auf der Seite auszumalen.

FOLGT MIR!

Jeschua zu seinen Jüngern: „Folgt mir nach, und ich will euch zu Menschenfischern machen!" Bemale und schneide die Fische aus. Lege sie in das Netz.

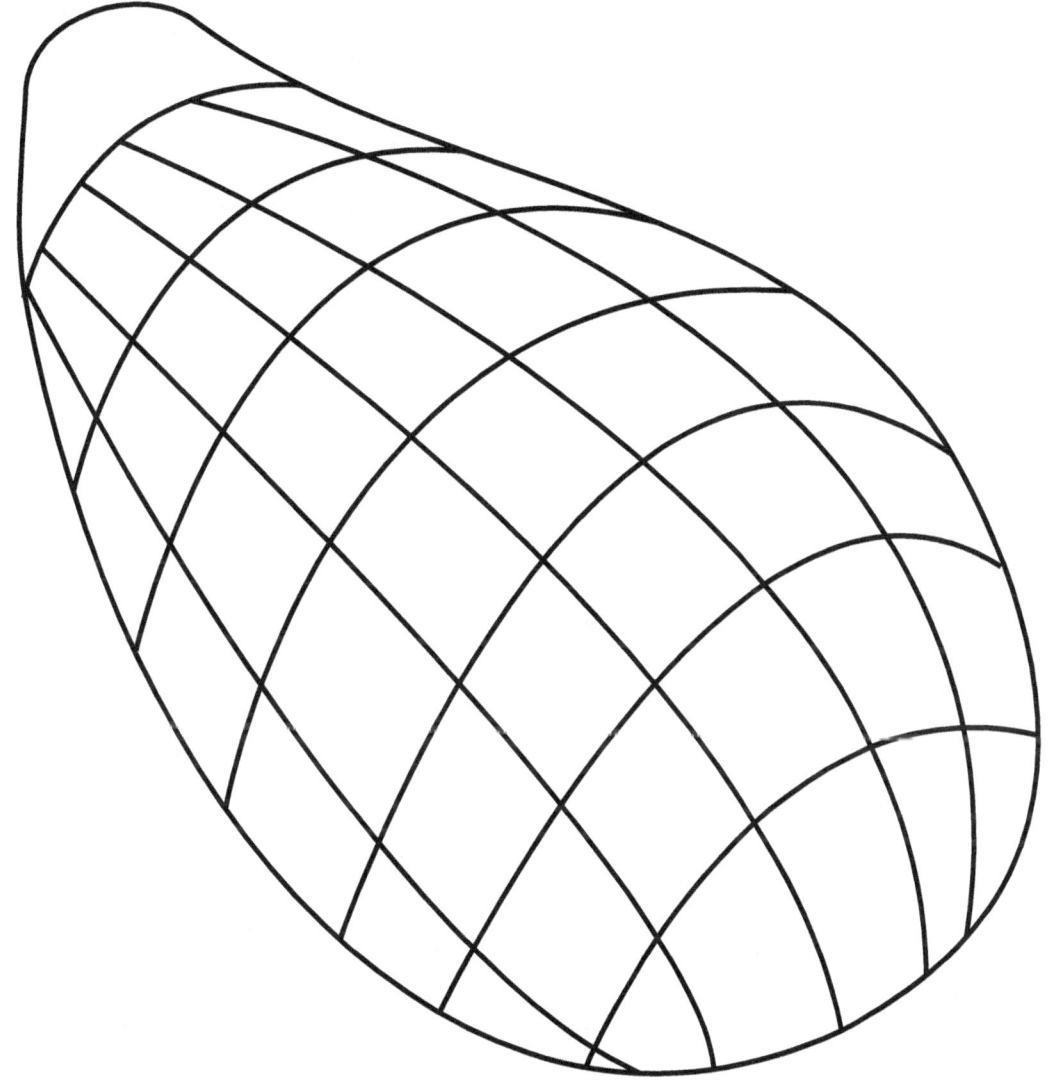

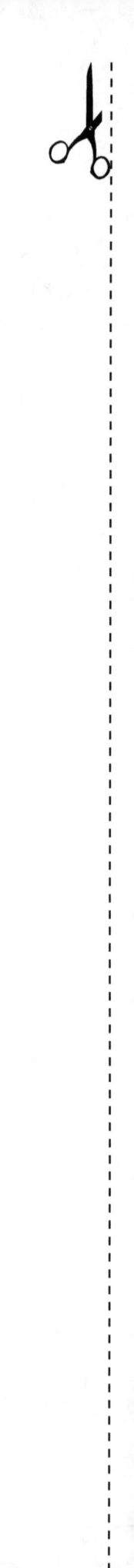

WER HAT DAS GESAGT?

Lies Markus 10 - 14, Lukas 9, und Apostelgeschichte 4. Färbe die biblischen Figuren und schneide sie aus. Ordne die Zitate der Person zu, die es gesagt hat.

1. „Herr, willst du, dass wir sprechen, dass Feuer vom Himmel herabfallen und sie verzehren soll?" -Lukas 9,54

2. „Steht auf, lasst uns gehen! Siehe, der mich verrät, ist nahe." -Markus 14,42

3. „... so sei euch allen ... bekanntgemacht, dass durch den Namen Jeschua ... dieser durch Ihn gesund vor euch steht." -Apostelgeschichte 4,10

4. „Meister, wir wünschen, dass du uns gewährst, um was wir bitten!" -Markus 10,35

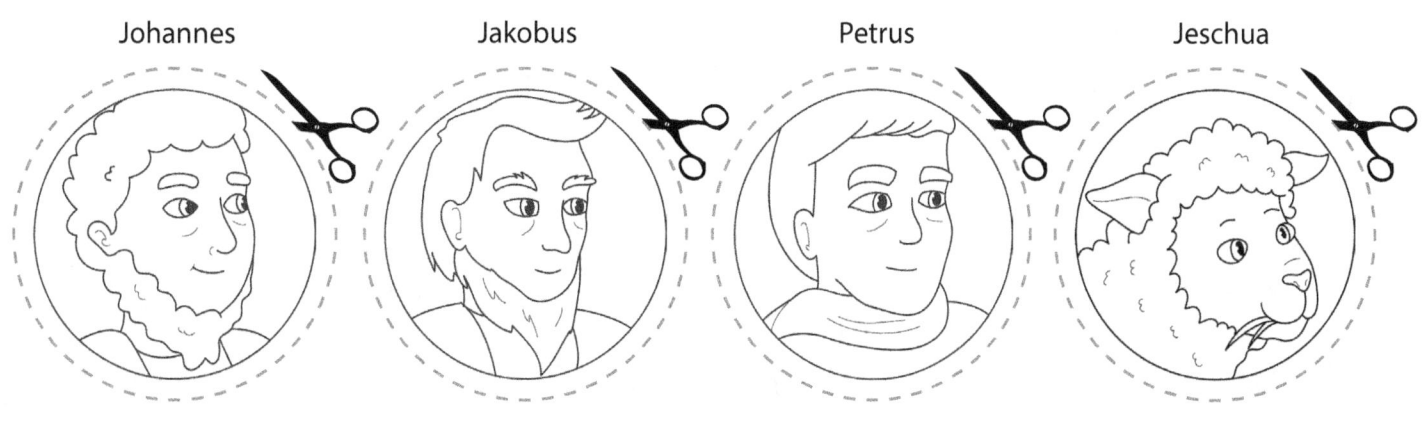

Johannes — Jakobus — Petrus — Jeschua

Jünger-Fingerpuppen basteln

Du brauchst:
1. Fester Karton oder Bastelpapier
2. Farbe, Filzstifte oder Buntstifte
3. Eine Schere (nur für Erwachsene)
4. Extrastarke Klebestifte oder Klebeband

Anleitung:

1. Male die Fingerpuppen aus.
2. Klebe das gesamte Arbeitsblatt auf ein Stück Karton oder Bastelpapier und warte, bis der Kleber getrocknet ist.
3. Schneide die Fingerpuppen sorgfältig aus.
4. Wickle die Laschen jeder Fingerpuppe um deine Finger und klebe sie fest.

WER HAT DAS GESAGT?

Lies Johannes 14,22, 18,31, 20,18 und Apostelgeschichte 3,6. Färbe die biblischen Figuren und schneide sie aus. Ordne das Zitat der Person zu, die es gesagt hat.

1. „Herr, wie kommt es, dass du dich uns offenbaren willst und nicht der Welt?"
    –Johannes 14,22

2. „So nehmt ihr ihn und richtet ihn nach eurem Gesetz!"
    –Johannes 18,31

3. „Silber und Gold habe ich nicht; was ich aber habe, das gebe ich dir: Im Namen Jeschua, des Nazareners, steh auf und geh umher!"
    –Apostelgeschichte 3,6

4. „Ich habe Jeschua gesehen."
    –Johannes 20,18

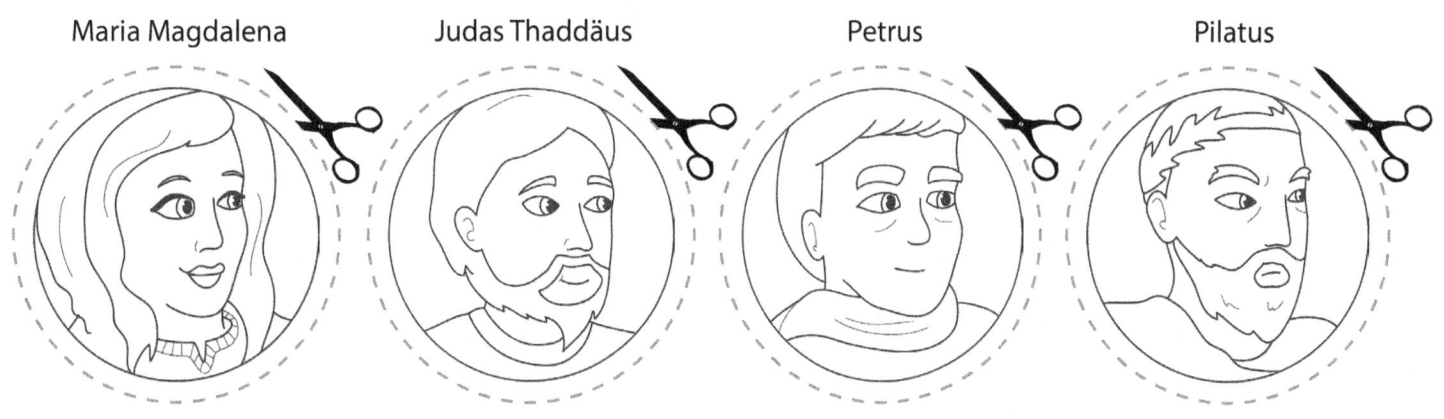

Maria Magdalena · Judas Thaddäus · Petrus · Pilatus

LÖSUNGEN

PETRUS
Lückentext
Als sie nun gefrühstückt hatten, spricht Jeschua (Jesus) zu Simon Petrus: Simon, Sohn des Jonas, liebst du mich mehr als diese? Er spricht zu ihm: Ja, Herr, du weißt, dass ich dich lieb habe! Er spricht zu ihm: Weide meine Lämmer! Wiederum spricht er zum zweiten Mal zu ihm: Simon, Sohn des Jonas, liebst du mich? Er antwortete ihm: Ja, Herr, du weißt, dass ich dich lieb habe. Er spricht zu ihm: Hüte meine Schafe! Und das dritte Mal fragt er ihn: Simon, Sohn des Jonas, hast du mich lieb? Da wurde Petrus traurig, dass er ihn das dritte Mal fragte: Hast du mich lieb?, und er sprach zu ihm: Herr, du weißt alle Dinge; du weißt, dass ich dich lieb habe. Jeschua spricht zu ihm: Weide meine Schafe! Wahrlich, wahrlich, ich sage dir: Als du jünger warst, gürtetest du dich selbst und gingst, wohin du wolltest; wenn du aber alt geworden bist, wirst du deine Hände ausstrecken, und ein anderer wird dich gürten und führen, wohin du nicht willst.

Bibel-Quiz: Petrus
1. Petrus, Jakobus und Johannes
2. Mose und Elia
3. Drei
4. Seine Füße, Hände und sein Haupt
5. „Wohin ich gehe, dorthin kannst du mir jetzt nicht folgen; du wirst mir aber später folgen."
6. Bethsaida
7. Dreimal
8. Er warf sich in den See und schwamm auf Jeschua zu
9. Dreimal
10. Kapernaum

Bibel-Wort-Suche: Petrus

Arbeitsblatt zum Ausmalen: Die Befreiung des Petrus
1. Das Fest der ungesäuerten Brote
2. Petrus war mit zwei Ketten gebunden
3. Ein Engel

JOHANNES
Lückentext
Während Petrus und Johannes aber zum Volk redeten, kamen die Priester und der Hauptmann des Tempels und die Sadduzäer auf sie zu. Sie waren aufgebracht darüber, dass sie das Volk lehrten und in Jeschua (Jesus) die Auferstehung aus den Toten verkündigten. Und sie legten Hand an sie und brachten sie ins Gefängnis bis zum folgenden Morgen, denn es war schon Abend. Aber viele von denen, die das Wort gehört hatten, wurden gläubig, und die Zahl der Männer stieg auf etwa fünftausend. Es geschah aber am folgenden Morgen, dass sich ihre Obersten und Ältesten und Schriftgelehrten in Jerusalem versammelten, auch Hannas, der Hohepriester, und Kajaphas und Johannes und Alexander und alle, die aus hohepriesterlichem Geschlecht waren. Und sie stellten sie in ihre Mitte und fragten sie: Durch welche Kraft oder in welchem Namen habt ihr das getan? Da sprach Petrus, vom Heiligen Geist erfüllt, zu ihnen: Ihr Obersten des Volkes und ihr Ältesten von Israel, wenn wir heute wegen der Wohltat an einem kranken Menschen verhört werden, durch wen er geheilt worden ist, so sei euch allen und dem ganzen Volk Israel bekanntgemacht, dass durch den Namen Jeschua, des Nazareners, den ihr gekreuzigt habt, den Gott auferweckt hat aus den Toten, dass dieser durch Ihn gesund vor euch steht.

Bibel-Quiz: Johannes
1. Die Verklärung Jeschuas
2. Sie fielen zu Boden und fürchteten sich
3. Ein Samariterdorf
4. „Herr, willst du, dass wir sprechen, dass Feuer vom Himmel herabfallen und sie verzehren soll?"
5. Die Priester, der Hauptmann des Tempels und die Sadduzäer
6. Nicht mehr im Namen Jeschuas zu sprechen oder zu lehren
7. See Genezareth
8. Jakobus
9. Donnersöhne
10. Petrus, Jakobus und Johannes

Bibel-Wort-Suche: Johannes

Quiz/ Malvorlage: Kühnheit
1. Weil sie lehrten, dass es in Jeschua die Auferstehung der Toten gibt
2. Etwa 5000 Menschen
3. Weil Petrus und Johannes ungelehrte, einfache Männer waren (keine Gesetzesgelehrte), aber das Wort mit Freimütigkeit (Kühnheit) lehrten

Arbeitsblatt zum Verständnis: Die Römer
1. Die Römer benutzten die Kreuzigung als Mittel, um Kontrolle auszuüben
2. Die Hebräer mussten Lebensmittel-, Straßen-, Kopf-, Religions-, Wasser-, Haus- und Verkaufssteuern sowie zusätzliche Steuern auf Güter wie Fleisch und Salz zahlen

JAKOBUS
Lückentext
Und nach sechs Tagen nahm Jeschua (Jesus) den Petrus, den Jakobus und dessen Bruder Johannes mit sich und führte sie beiseite auf einen hohen Berg. Und er wurde vor ihnen verklärt, und sein Angesicht leuchtete wie die Sonne, und seine Kleider wurden weiß wie das Licht. Und siehe, es erschienen ihnen Mose und Elia, die redeten mit ihm. Da begann Petrus und sprach zu Jeschua: Herr, es ist gut, dass wir hier sind! Wenn du willst, so lass uns hier drei Hütten bauen, dir eine und Mose eine und Elia eine. Als er noch redete, siehe, da überschattete sie eine lichte Wolke, und siehe, eine Stimme aus der Wolke sprach: Dies ist mein geliebter Sohn, an dem ich Wohlgefallen habe; auf ihn sollt ihr hören! Als die Jünger das hörten, fielen sie auf ihr Angesicht und fürchteten sich sehr. Und Jeschua trat herzu, rührte sie an und sprach: Steht auf und fürchtet euch nicht! Als sie aber ihre Augen erhoben, sahen sie niemand als Jeschua allein.

Bibel-Quiz: Jakobus (Sohn des Zebedäus)
1. Jeschua
2. Sie fielen zu Boden und fürchteten sich
3. Johannes
4. Zebedäus
5. „Herr, willst du, dass wir sprechen, dass Feuer vom Himmel herabfallen und sie verzehren soll?"
6. König Herodes
7. Durch das Schwert
8. Donnersöhne
9. Jeschua
10. Tochter des Jairus

Bibel-Wort-Suche: Jakobus

Quiz/ Malvorlage: Auferweckung der Tochter des Jairus
1. Synagogenvorsteher/ Oberster der Synagoge
2. Petrus, Jakobus und Johannes
3. Das Mädchen war zwölf Jahre alt

Arbeitsblatt: Jakobus der Fischer

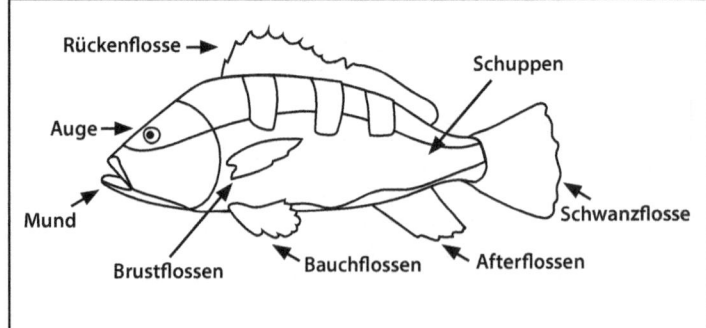

JUDAS
Lückentext
Nachdem nun Judas die Truppe und von den obersten Priestern und Pharisäern Diener bekommen hatte, kam er dorthin mit Fackeln und Lampen und mit Waffen. Jeschua (Jesus) nun, der alles wusste, was über ihn kommen sollte, ging hinaus und sprach zu ihnen: Wen sucht ihr? Sie antworteten ihm: Jeschua, den Nazarener! Jeschua spricht zu ihnen: Ich bin's! Es stand aber auch Judas bei ihnen, der ihn verriet. Als er nun zu ihnen sprach: Ich bin's!, wichen sie alle zurück und fielen zu Boden. Nun fragte er sie wiederum: Wen sucht ihr? Sie aber sprachen: Jeschua, den Nazarener! Jeschua antwortete: Ich habe euch gesagt, dass ich es bin. Wenn ihr nun mich sucht, so lässt diese gehen! – damit das Wort erfüllt würde, das er gesagt hatte: Ich habe keinen verloren von denen, die du mir gegeben hast. Da nun Simon Petrus ein Schwert hatte, zog er es und schlug nach dem Knecht des Hohenpriesters und hieb ihm das rechte Ohr ab; der Name des Knechtes aber war Malchus. Da sprach Jeschua zu Petrus: Stecke dein Schwert in die Scheide! Soll ich den Kelch nicht trinken, den mir der Vater gegeben hat?

Bibel-Quiz: Judas Ischariot
1. Schafen
2. Judas
3. Die obersten Priester
4. Dreißig Silberlinge
5. Brot
6. Eine große Schar, bewaffnet mit Schwertern und Stöcken, gesandt von den obersten Priestern und Ältesten
7. Er küsste ihn
8. Er warf sie im Tempel hin
9. Auf dem Acker des Töpfers (Blutacker)
10. Jeremia

Bibel-Wortsuche: Judas Ischariot

Quiz/ Malvorlage: Judas gibt das Geld zurück
1. Judas gab dreißig Silberlinge zurück
2. Im Tempel
3. Weil es als Blutgeld angesehen wurde

Arbeitsblatt zum Verständnis: Die religiösen Führer
1. Sie machten nicht nur die Regeln für das religiöse Leben des jüdischen Volkes, sie waren auch Herrscher und Richter. Der Sanhedrin (jüdischer Rat) war das oberste Gericht des alten Israels, bestehend aus siebzig Männern und einem Hohepriester
2. Die Hebräer waren der römischen Herrschaft und der hohen Steuern überdrüssig

THOMAS
Lückentext
„Euer Herz erschrecke nicht! Glaubt an Gott und glaubt an mich! Im Haus meines Vaters sind viele Wohnungen; wenn nicht, so hätte ich es euch gesagt. Ich gehe hin, um euch eine Stätte zu bereiten. Und wenn ich hingehe und euch eine Stätte bereite, so komme ich wieder und werde euch zu mir nehmen, damit auch ihr seid, wo ich bin. Wohin ich aber gehe, wisst ihr, und ihr kennt den Weg. Thomas spricht zu ihm: Herr, wir wissen nicht, wohin du gehst, und wie können wir den Weg kennen? Jeschua (Jesus) spricht zu ihm: Ich bin der Weg und die Wahrheit und das Leben; niemand kommt zum Vater als nur durch mich! Wenn ihr mich erkannt hättet, so hättet ihr auch meinen Vater erkannt; und von nun an erkennt ihr ihn und habt ihn gesehen."

Bibel-Quiz: Thomas
1. Staub
2. „Herr, wir wissen nicht, wohin du gehst, und wie können wir den Weg kennen?"
3. Zwölf
4. Der Zwilling
5. Lazarus
6. „Lasst uns auch hingehen, damit wir mit ihm sterben!"
7. Das Nägelmal an Jeschuas Händen (Handgelenken) und das Loch in seiner Seite
8. Er erschien in einem Raum, in dem die Türen verschlossen waren
9. „Reiche deinen Finger her und sieh meine Hände, und reiche deine Hand her und lege sie in meine Seite, und sei nicht ungläubig, sondern gläubig!"
10. Matthias

Bibel-Wortsuche: Thomas

Quiz/ Malvorlage: Zweifelnder Thomas
1. Die Zeichen/ Male an Jeschuas Händen und seiner Seite
2. Acht Tage
3. Jeschua sagte Thomas, er solle seine Finger auf seine Hände und seine Hand in seine Seite legen

Bibel-Worträtsel: Zweifelnder Thomas
„Wenn ich nicht an seinen Händen das Nägelmal sehe und meinen Finger in das Nägelmal lege und meine Hand in seine Seite lege, so werde ich es niemals glauben!"

BARTHOLOMÄUS
Lückentext
Da rief er seine zwölf Jünger zu sich und gab ihnen Vollmacht über die unreinen Geister, sie auszutreiben, und jede Krankheit und jedes Gebrechen zu heilen. Die Namen der zwölf Apostel aber sind diese: Der erste Simon, genannt Petrus, und sein Bruder Andreas; Jakobus, der Sohn des Zebedäus, und sein Bruder Johannes; Philippus und Bartholomäus; Thomas und Matthäus der Zöllner; Jakobus, der Sohn des Alphäus, und Lebbäus, mit dem Beinamen Thaddäus; Simon der Kananiter (der Zelot), und Judas Ischariot, der ihn auch verriet.

Bibel-Quiz: Bartholomäus
1. Zwölf Apostel
2. Zu den verlorenen Schafen des Hauses Israel
3. Kein Gold, Silber oder Kupfer, keine Tasche, keine zwei Hemden, keine Schuhe und keinen Stab
4. Seine zwölf Apostel

5. „Ihr Männer von Galiläa, was steht ihr hier und seht zum Himmel? Dieser Jeschua (Jesus), der von euch weg in den Himmel aufgenommen worden ist, wird in derselben Weise wiederkommen, wie ihr ihn habt in den Himmel auffahren sehen!"
6. Am Ölberg
7. Jerusalem
8. Matthias
9. Jünger
10. Wasser

Bibel-Wort-Suche: Bartholomäus

Quiz/ Malvorlage: Die Apostel
1. Auf dem Berg
2. Zwölf
3. Verkündigen, Krankheiten heilen und Dämonen austreiben

JAKOBUS (SOHN DES ALPHÄUS)
Lückentext
Und als er mit ihnen zusammen war, gebot er ihnen, nicht von Jerusalem zu weichen, sondern die Verheißung des Vaters abzuwarten, die ihr – so sprach er – von mir vernommen habt, denn Johannes hat mit Wasser getauft, ihr aber sollt mit Heiligem Geist getauft werden nicht lange nach diesen Tagen. Da fragten ihn die [Jünger], welche zusammengekommen waren, und sprachen: Herr, stellst du in dieser Zeit für Israel die Königsherrschaft wieder her? Er aber sprach zu ihnen: Es ist nicht eure Sache, die Zeiten oder Zeitpunkte zu kennen, die der Vater in seiner eigenen Vollmacht festgesetzt hat; sondern ihr werdet Kraft empfangen, wenn der Heilige Geist auf euch gekommen ist, und ihr werdet meine Zeugen sein

in Jerusalem und in ganz Judäa und Samaria und bis an das Ende der Erde! Und als er dies gesagt hatte, wurde er vor ihren Augen emporgehoben, und eine Wolke nahm ihn auf von ihren Augen weg. Und als sie unverwandt zum Himmel blickten, während er dahinfuhr, siehe, da standen zwei Männer in weißer Kleidung bei ihnen, die sprachen: Ihr Männer von Galiläa, was steht ihr hier und seht zum Himmel? Dieser Jeschua (Jesus), der von euch weg in den Himmel aufgenommen worden ist, wird in derselben Weise wiederkommen, wie ihr ihn habt in den Himmel auffahren sehen!

Bibel-Quiz: Jakobus (Sohn des Alphäus)

1. Golgatha
2. Maria
3. Matthias
4. „Geht vielmehr zu den verlorenen Schafen des Hauses Israel. Geht aber hin, verkündigt und sprecht: Das Reich der Himmel ist nahe herbeigekommen! Heilt Kranke, reinigt Aussätzige, weckt Tote auf, treibt Dämonen aus!"
5. Nicht die Hände zu waschen, bevor sie essen
6. „Und warum übertretet ihr das Gebot Gottes um eurer Überlieferung willen?"
7. Zwölf Apostel
8. Jeschua und seine Jünger
9. Alphäus
10. Zwei Männer in weißer Kleidung

Bibel-Wortsuche: Jakobus (Sohn des Alphäus)

Quiz/ Malvorlage: Nach Jerusalem...

1. Zwölf Jünger
2. Er würde den religiösen Führern übergeben und zum Tode verurteilt werden
3. Am dritten Tag

Judas Thaddäus (Lebbäus)
Lückentext

Liebt ihr mich, so haltet meine Gebote! Und ich will den Vater bitten, und er wird euch einen anderen Beistand geben, dass er bei euch bleibt in Ewigkeit, den Geist der Wahrheit, den die Welt nicht empfangen kann, denn sie beachtet ihn nicht und erkennt ihn nicht; ihr aber erkennt ihn, denn er bleibt bei euch und wird in euch sein. Ich lasse euch nicht als Waisen zurück; ich komme zu euch. Noch eine kleine Weile, und die Welt sieht mich nicht mehr; ihr aber seht mich; weil ich lebe, sollt auch ihr leben! An jenem Tag werdet ihr erkennen, daß ich in meinem Vater bin und ihr in mir und ich in euch. Wer meine Gebote festhält und sie befolgt, der ist es, der mich liebt; wer aber mich liebt, der wird von meinem Vater geliebt werden, und ich werde ihn lieben und mich ihm offenbaren. Da spricht Judas – nicht der Ischariot – zu ihm: Herr, wie kommt es, daß du dich uns offenbaren willst und nicht der Welt? Jeschua (Jesus) antwortete und sprach zu ihm: Wenn jemand mich liebt, so wird er mein Wort befolgen, und mein Vater wird ihn lieben, und wir werden zu ihm kommen und Wohnung bei ihm machen. Wer mich nicht liebt, der befolgt meine Worte nicht…

Bibel-Quiz: Judas Thaddäus

1. Liebt
2. „Herr, wie kommt es, dass du dich uns offenbaren willst und nicht der Welt?"
3. Zwölf
4. Er würde getötet (gekreuzigt) und auferweckt werden am dritten Tag
5. Einen Sabbatweg entfernt, d.h. die Wegstrecke, die den Juden am Sabbat zu gehen erlaubt war (ca. 1 km)
6. Sie kehrten nach Jerusalem zurück und beteten
7. Barsabas und Matthias
8. Auf einer Hochzeit
9. Viertausend
10. Schafe

Bibel-Wort-Suche: Judas Thaddäus

Quiz/ Malvorlage: Das letzte Abendmahl
1. Jeschua
2. Judas Ischariot
3. Liebt einander, wie ich euch geliebt habe

Matthäus
Lückentext
Und als Jeschua (Jesus) von da weiterging, sah er einen Menschen an der Zollstelle sitzen, der hieß Matthäus; und er sprach zu ihm: Folge mir nach! Und er stand auf und folgte ihm nach. Und es geschah, als er in dem Haus zu Tisch saß, siehe, da kamen viele Zöllner und Sünder und saßen mit Jeschua und seinen Jüngern zu Tisch. Und als die Pharisäer es sahen, sprachen sie zu seinen Jüngern: Warum isst euer Meister mit den Zöllnern und Sündern? Jeschua aber, als er es hörte, sprach zu ihnen: Nicht die Starken brauchen den Arzt, sondern die Kranken. Geht aber hin und lernt, was das heißt: »Ich will Barmherzigkeit und nicht Opfer«. Denn ich bin nicht gekommen, Gerechte zu berufen, sondern Sünder zur Buße.

Bibel-Quiz: Matthäus
1. An einer Zollstätte
2. Zöllner und Sünder
3. Barmherzigkeit, nicht Opfer
4. Levi
5. Er bereitete ihm ein großes Mahl
6. Alphäus
7. Auf einem Berg
8. Ölberg
9. Zöllner
10. Sie berührte den Saum (Zizit) an Jeschuas Gewand

Bibel-Wort-Suche: Matthäus

Quiz/ Malvorlage: Die Sturmstillung
1. Seine Jünger
2. Ein Sturmwind kam und das Schiff begann, sich mit Wasser zu füllen
3. „Wer ist denn dieser, dass er auch den Winden und dem Wasser befiehlt und sie ihm gehorsam sind?"

Arbeitsblatt zum Verständnis: Der Zöllner
1. Die Hebräer wussten, dass Zöllner die Leute betrogen, von denen sie kassierten
2. Sie waren vom religiösen Leben, einschließlich Tempel- und Synagogenversammlungen, ausgeschlossen und konnten vor keinem Gericht als Zeugen auftreten

Andreas
Lückentext
Als Jeschua (Jesus) aber am See von Galiläa entlangging, sah er zwei Brüder, Simon, genannt Petrus, und dessen Bruder Andreas; die warfen das Netz in den See, denn sie waren Fischer. Und er spricht zu ihnen: Folgt mir nach, und ich will euch zu Menschenfischern machen! Da verließen sie sogleich die Netze und folgten ihm nach. Und als er von dort weiterging, sah er in einem Schiff zwei andere Brüder, Jakobus, den Sohn des Zebedäus, und dessen Bruder Johannes mit ihrem Vater Zebedäus ihre Netze flicken; und er berief sie. Da verließen sie sogleich das Schiff und ihren Vater und folgten ihm nach.

Bibel-Quiz: Andreas
1. „Siehe, das Lamm Gottes."
2. Petrus (Simon Petrus)
3. Das Fest der ungesäuerten Brote (Pessach)
4. Fünf Gerstenbrote und zwei Fische
5. Petrus, Jakobus, Johannes und Andreas
6. Fischer
7. Jakobus und Johannes
8. Das Haus von Simon und Andreas
9. Die Schwiegermutter von Simon
10. See Genezareth

Bibel-Wortsuche: Andreas

Quiz/ Malvorlage: Die Heilung der Kranken
1. Das Haus von Andreas und Simon
2. Die Schwiegermutter von Simon
3. Jeschua ergriff ihre Hand, richtete sie auf und das Fieber verschwand.

Simon der Zelot
Lückentext

Und es begab sich am folgenden Tag, dass er in eine Stadt namens Nain ging, und mit ihm zogen viele seiner Jünger und eine große Volksmenge. Wie er sich aber dem Stadttor näherte, siehe, da wurde ein Toter herausgetragen, der einzige Sohn seiner Mutter, und sie war eine Witwe; und viele Leute aus der Stadt begleiteten sie. Und als der Herr sie sah, erbarmte er sich über sie und sprach zu ihr: Weine nicht! Und er trat hinzu und rührte den Sarg an; die Träger aber standen still. Und er sprach: Junger Mann, ich sage dir: Steh auf! Und der Tote setzte sich auf und fing an zu reden; und er gab ihn seiner Mutter. Da wurden sie alle von Furcht ergriffen und priesen Gott und sprachen: Ein großer Prophet ist unter uns aufgestanden, und: Gott hat sein Volk heimgesucht! Und diese Rede über ihn verbreitete sich in ganz Judäa und in der ganzen Umgegend.

Bibel-Quiz: Simon der Zelot
1. Simon der Kananiter
2. Zwölf Apostel
3. Ölberg
4. Matthias
5. Nain
6. Maria Magdalena, Johanna, die Frau Chusas, eines Verwalters des Herodes, Susanna und viele andere
7. Beseitigung von Dämonen und Heilung von Krankheiten
8. Fünftausend Männer
9. Die Jünger liefen weg
10. Jerusalem

Bibel-Wortsuche: Simon der Zelot

Quiz/ Malvorlage: Reich Gottes
1. Er hat es schwer
2. Die zwölf Stämme Israels
3. Sie werden es hundertfach empfangen und das ewige Leben erben

Arbeitsblatt: Die Namen der Jünger
Petrus, Johannes, Jakobus, Thomas, Jakobus, Sohn des Alphäus, Bartholomäus, Judas, Thaddäus, Matthäus, Andreas, Simon und Philippus.

Philippus
Lückentext

Am folgenden Tag wollte Jeschua (Jesus) nach Galiläa reisen; da findet er Philippus und spricht zu ihm: Folge mir nach! Philippus aber war von Bethsaida, aus der Stadt des Andreas und Petrus. Philippus findet den Nathanael und spricht zu ihm: Wir haben den gefunden, von welchem Mose im Gesetz und die Propheten geschrieben haben, Jeschua, den Sohn Josephs, von Nazareth. Und Nathanael sprach zu ihm: Kann aus Nazareth etwas Gutes kommen? Philippus spricht zu ihm: Komm und sieh! Jeschua sah den Nathanael auf sich zukommen und spricht von ihm: Siehe, wahrhaftig ein Israelit, in dem keine Falschheit ist! Nathanael spricht zu ihm: Woher kennst du mich? Jeschua antwortete und sprach zu ihm: Ehe dich Philippus rief, als du unter dem Feigenbaum warst, sah ich dich! Nathanael antwortete und sprach zu ihm: Rabbi, du bist der Sohn Gottes, du bist der König von Israel! Jeschua antwortete und sprach zu ihm: Du glaubst, weil ich dir sagte: Ich sah dich unter dem Feigenbaum? Du wirst Größeres sehen als das! Und er spricht zu ihm: Wahrlich, wahrlich, ich sage euch: Künftig werdet ihr den Himmel offen sehen und die Engel Gottes auf- und niedersteigen auf den Sohn des Menschen!

Bibelquiz: Philippus
1. In Galiläa
2. „Wir haben den gefunden, von welchem Mose im Gesetz und die Propheten geschrieben haben, Jeschua (Jesus), den Sohn Josephs, von Nazareth."
3. „Siehe, wahrhaftig ein Israelit, in dem keine Falschheit ist!"
4. Aus Bethsaida, in Galiläa
5. „Herr, wir möchten gerne Jeschua sehen!"
6. Wahrheit
7. Haltet meine Gebote
8. Um Philipp auf die Probe zu stellen
9. Nach Jerusalem in den Tempel
10. Zwölf Apostel

Bibel-Wort-Suche: Philippus

Quiz/ Malvorlage: Speisung der 5000
1. Um Philippus auf die Probe zu stellen
2. Fünf Gerstenbrote und zwei Fische
3. Zwölf Körbe

Arbeitsblatt: Fakten zu den Jüngern
Andreas = 6, Bartholomäus = 9, Jakobus, Sohn des Zebedäus = 5, Johannes = 3, Judas = 1, Judas Thaddäus = 8, Matthäus = 7, Petrus = 10, Philippus = 4, Thomas = 2.

Bibelarbeit Nr. 1: Wer hat es gesagt?
1 = Johannes, 2 = Jeschua, 3 = Petrus, 4 = Jakobus

Bibelarbeit Nr. 2: Wer hat es gesagt?
1 = Judas Thaddäus, 2 = Pilatus, 3 = Petrus, 4 = Maria Magdalena

WEITERE ÜBUNGSBÜCHER ENTDECKEN!

Zu erwerben unter shop.biblepathwayadventures.com

SOFORT DOWNLOADS!

Die Reisen des Paulus - Übungsbuch
Lieblingsgeschichten aus der Bibel – Übungsbuch
Hebräisch lernen: Das Alphabet
Der Sabbat Übungsbuch
Bereschit / 1. Mose
Schemot / 2. Mose
Wajikra / 3. Mose
Frucht des Geistes - Übungsbuch

www.ingramcontent.com/pod-product-compliance
Lightning Source LLC
Chambersburg PA
CBHW081310070526
44578CB00006B/823